浙江省高校人文社科"高等教育学"重点研究基地资助项目
浙江省高等学校中青年学科带头人基金资助项目
浙江省新世纪"151"人才工程基金资助项目

A Compendium
of Education Review
Studies

刘尧　著

教育评论研究论纲

江苏大学出版社
JIANGSU UNIVERSITY PRESS

图书在版编目(CIP)数据

教育评论研究论纲/刘尧著. —镇江：江苏大学
出版社,2012.6
　ISBN 978-7-81130-353-7

　Ⅰ.①教… Ⅱ.①刘… Ⅲ.①教育－评论－研究
Ⅳ.①G4

中国版本图书馆 CIP 数据核字(2012)第 111754 号

教育评论研究论纲

著　　者/刘　尧
责任编辑/林　卉
出版发行/江苏大学出版社
地　　址/江苏省镇江市梦溪园巷 30 号(邮编：212003)
电　　话/0511-84440890
排　　版/镇江文苑制版印刷有限责任公司
印　　刷/南京爱德印刷有限公司
经　　销/江苏省新华书店
开　　本/890 mm×1 240 mm　1/32
印　　张/7.25
字　　数/200 千字
版　　次/2012 年 6 月第 1 版　2012 年 6 月第 1 次印刷
书　　号/ISBN 978-7-81130-353-7
定　　价/45.00 元

如有印装质量问题请与本社发行部联系(电话：0511-84440882)

　　刘尧　浙江师范大学教育评论研究所所长、教授、硕士生导师、九三学社浙江师范大学委员会主委、浙江省新世纪"151"人才（第二层次）、浙江省高等学校中青年学科带头人。兼任中国高等教育学会教育评估分会常务理事、浙江省高等教育科学专业委员会副理事长、九三学社金华市委员会委员、金华市政协常委、金华市教育督导。《中国地质大学学报（社会科学版）》《西北农林科技大学学报（社会科学版）》《高教发展与评估》《高校教育管理》等学术期刊编委。西安电子科技大学、咸阳师范学院兼职教授，广东外语外贸大学客座教授。1994年，倡导并开始进行教育评论学研究，发表教育评论学研究论文数十篇。2000年，出版专著《教育评论学》。2001年，在浙江师范大学创建了教育评论研究所。2002年起，为研究生开设《教育评论学》课程，并先后在《教育科学研究》《教育与现代化》《中国电子教育》《青岛科技大学学报（社会科学版）》《长春工业大学学报（社会科学版）》《高校教育管理》等学术期刊上主持"教育评论"类专栏。

内容提要

教育评论是一个从教育诞生那一天起就被人类挂在胸前、一直挂到今天的饰物,既古老又现代。教育评论学是一门新兴的教育学科,其研究还很欠缺。庄子曰:"始生之物,其形必丑。"又曰:"其作始也简,其将毕也巨。"我们相信,在教育界同仁的共同努力下,教育评论学必将日臻完善,并对教育的健康发展发挥有效作用。

本书是作者教育评论学研究的成果。书中对教育评论学研究的基本问题、教育评论主体、教育评论客体、教育评论媒体、教育评论内容、教育评论作用、教育评论过程、教育评论原则、教育评论功能、教育评论标准、教育评论形态、教育评论活动、教育评论风格,以及教育评论问题与对策、教育评论案例解析等理论与实践问题进行了较为全面的探讨。对教育评论实践具有一定的指导意义,对教育评论学研究也将起到积极的引导作用,适用于教育工作者,尤其适合从事教育评论事业的理论工作者和研究生阅读。

序 言

时代呼唤教育评论研究

改革开放 30 多年来,我国教育事业发生了翻天覆地的变化。无论从数量到质量,还是从形式到内容;无论从层次到类型,还是从结构到布局;无论从理论到实践,还是从组织到管理,都实现了多元化和多样化。五彩纷呈的教育现象也给社会大众带来了许多辨识和选择的困惑,特别需要教育评论的积极参与。教育评论的可贵之处应在于:拥有一份时代觉醒和教育批判,能唤醒社会对教育的反省,把教育导向人的全面解放。因此,当务之急是呼吁教育评论的重要性和紧迫性,大力开展教育评论。①

1.教育评论不能缺席

在我国,人们不难发现,某种新教育现象(比如教育国际化)的出现定会招来无数盲目的"跟随者",某种教育行为一时间会成为席卷全国的潮流。这些盲目追随现象固然是由多种因素引起的,可在笔者看来,这与缺乏教育评论有极大关系。时至今日,关于教育评论是什么,为什么要开展教育评论,应怎样开展教育评论,即关于教育评论的对象、任务、目的和方法等问题还很少有人研究。因此,现在的教育评论带有极大的随意性、极强的政治性、极浓的

① 刘尧:《时代急需教育评论》,《中国教育报》,2008 年 9 月 27 日。

思潮性,极缺规范性,极欠理论性。

虽然对教育著述的评论、对教育家的评论、对教育现象的评论古已有之,但时至今日仍没有规范的教育评论体系与机制。与图书评论、文学评论在图书和文学作品的"生产"及引导读者方面发挥的作用相比,教育文化的"生产"与作用的发挥尚缺乏教育评论,使创造和享用教育文化的人多处于茫然状态。由于缺少教育评论,许多优秀的教育文化得不到广泛传播,且难以有效地发挥作用;一些不良的教育文化得不到遏制,影响着教育的健康发展。

2.教育评论为何薄弱

在我国,教育评论薄弱的原因何在? 一般认为原因有四:一是教育界对教育评论不够重视;二是教育评论队伍缺乏,三是教育评论阵地稀少;四是存在不少平庸和人情的评论。应当承认,上述问题是当前我国教育评论存在的问题,但不是根本问题,最根本的问题是对教育评论的作用认识不够。教育评论是评论家对教育文化的介绍、鉴别和评说,它的服务对象是社会大众,这一点似乎已达成共识。但我国教育界在更大意义上或曰实际上,是将教育评论理解为一种纯粹的宣传手段,这在教育图书评论上表现尤为突出。

从本质上说,教育评论是根据人与社会发展的需要,对教育文化进行鉴别、评说,产生社会导向作用,从而使教育在社会文明进步和人类自身发展中发挥更大的作用。当然,强调教育评论的社会作用,并不是说教育评论是万能的。这就涉及我国教育评论存在的另一个主要问题,即现在的教育评论缺乏公正性和客观性,不具有自己的独立性与权威性。只有客观、公正的教育评论,才能保障其独立性与权威性,也才能帮助社会大众正确认识和享用教育文化。

3.教育评论的作用如何发挥

要使教育评论具有权威性和独立性,充分发挥教育评论的社会作用,可以考虑如下三方面:

第一,从评论条件上说,一方面,评论家不但要有教育理论水准和正确的、公允的判断力,更要有坚持这一水准和判断的勇气;另一方面,也需要相应社会气氛的营造,有了一定的社会氛围,才会有权威评论家"群落"产生的温床,也才能有保障这个"群落"得以生存的土壤。这一点不仅需要教育界、学术界、舆论界等各界的支持,更需要政府有关部门的倡导和培育。

第二,从评论选题上说,应该做到有针对性、超前性、准确性和创造性。针对性是指选题要务实,要把评论的重点放在教育理论和实践中的重点、难点和热点问题上;超前性是指选题要有远见、有预言,要发挥导向作用;准确性是指选题要建立在实事求是的基础之上,力求正确反映教育的客观规律,避免形而上学的片面性;创造性是指选题要敢于创新,善于从新的角度、以新的思路提出问题和评论问题,促使问题得以解决。

第三,从评论艺术上说,一定要抓住教育文化的特点,好则说好,坏则说坏,以评促建,让人心服口服;要对所评教育文化内容进行适当阐述,给人以更多的评论对象的信息,做到"评"与"介"相结合;应该对与其相关的教育文化作比较分析,以说明它的创新之处以及对教育和社会的贡献;应该就事论理,生发开去,以新的思想和观点给人以启发。

4. 教育评论要针对教育问题

科学哲学家库恩在《科学革命》一书中说:科学始于问题。其实,教育评论也同样要从教育问题开始,或者说始于教育问题。教育评论不针对教育问题、不研究教育问题、不回答教育问题、不从教育问题开始,就会失去意义。

从历史上看,但凡有吸引力、有影响力、有生命力的教育评论都是从教育问题出发,针对教育问题、研究教育问题、解答教育问题的。古往今来,概莫能外。科学的教育评论之所以称其为科学,就在于它正确地提出教育问题、正确地分析和解答教育问题。

可以这样说,社会大众对教育评论的需求程度和教育评论的实现程度,在一定意义上取决于教育评论是否正确提出和解答了社会大众所关心的教育问题。更值得强调的是,教育评论还要正确地提出、分析和解释教育问题。

5.要开展教育评论研究

教育评论的展开和教育评论学研究的深入,是教育改革实践和教育科学发展的呼唤。教育评论是与教育理论、教育史论并列的教育科学三大组成部分之一。教育理论要回答教育是什么、为什么;教育史论要回答教育做了什么、还能做什么;教育评论则要回答教育做得怎么样、应该怎样做。

就是说,教育评论要依照符合时代要求的真、善、美的标准,对教育发展作出合规律、合目的、合情理的选择和判断,以引导教育获得最优发展,从而促进教育对社会文明作出应有的贡献。可见,开展教育评论研究,既是丰富和发展教育科学的需要,更是规范和指导教育评论实践的需要。

刘　尧

于浙江师范大学教育评论研究所

2012 年 2 月

目　录

第八章　教育评论的风格与品格

第九章　教育评论实践的问题与对策

第十章　关于教育评论的对话与争鸣

第一章　教育评论学研究的基本问题

随着教育科学的发展和教育知识的积累,人们对教育和教育评论的认识逐渐由片面到全面、由肤浅到深入,教育评论学必将成为教育科学关注与研究的重要课题。王坤庆先生认为,一个时代学术繁荣的根本标志是学派之争,争论的结果自然是知识的丰富和学术的进步。然而,我国教育研究者主体性失落,沉溺于似曾相识的教育命题,以及电脑代替剪刀和糨糊的研究方式,造成了教育科学界没有学派。我们的教育科学停泊于风平浪静的港湾,没有多少风景可看,也缺乏创新的希望;更可悲的是,一方面有限的教育研究经费被滥用和浪费,另一方面教育科学基本问题无人问津,对教育真理的探索被课题指南牵着鼻子走。可是,谁见过被金钱堆积起来的教育思想家?! 真正的教育思想家是那些在清贫、寂寞甚至痛苦中营造属于人类教育精神世界的人们。① 在我国社会处于转型与大变革的时代,最需要的是能切中要害地唤醒时代觉醒的精深教育评论。

一、教育评论的历史

评论教育是一项人类古老的活动,而教育评论却是一个崭新的教育科学课题。自人类有了教育活动以来,就不断地在进行着与社会政治、经济、文化相适应的评论教育活动,推动着教育发展。就是说,评论教育的活动一直存在于人类生活中,只是评论的表现形式、层次不同而已。

1. 古代的教育评论

（1）古代有教育评论。早期的古希腊人不相信教育必须从书本中来,他们学习《荷马史诗》不过是为了过更好的日子;他们给英雄以荣誉,是为自己孩子树立楷模。对早期的古希腊人来说,教育

---

① 王坤庆:《教育研究方法论论纲》,《华中师范大学学报(社会科学版)》,1996 年第 3 期。

主要是一种实际的事物——为准备当公民而受某些训练。教育是道德性的和社会性的,主要靠在家里模仿来进行。除此之外,还通过集体开会和战争来训练人。在古希腊末期不再强调实际时,新教育的批评家常常引用菲尼克斯(Phoenix)提醒他的学生阿基里斯(Achill)的话——"派我来教你,把你变成一个能说会做的人"①——说明教育是使人适应社会。

(2)古代是谁评论教育。在古代,教育尚未形成科学理论之前,是政治家、哲学家、思想家(如苏格拉底、柏拉图、亚里士多德、孔子等)在评论教育,推动教育的发展。而在17世纪夸美纽斯的《大教学论》作为科学的教育理论诞生之后,学校教育有了极大的发展,评论教育则是政界、理论界和社会大众共同参与的事情。这个时期,对评论教育起主导作用的主要是理论界,他们往往以教育思潮的形式推动教育的发展。

2. 近现代的教育评论

(1)近代教育评论。教育发展到了近代,教育理论门类众多,加上世界各国对教育的国家性、民族性的强调,教育理论界评论教育已显得苍白无力,相反,政界却左右了教育的发展。政界评论教育往往通过行政的手段表现出来,这就使得教育背离了科学的轨道而成为政治的附庸。

(2)现代教育评论。教育发展到了现代,教育理论已经形成较为完备的体系,教育活动也丰富多彩、形式多样,教育已经成为关系国计民生的事业。伴随着社会民主化进程,评论教育逐步成为社会大众参与的活动。初步形成了以社会大众评论教育为基础,以理论界评论教育为主体,以政界评论教育为导向的评论机制,推动着教育的发展。这一时期,依据教育科学理论,评论教育的环境基本形成。

---

① [英]伊丽莎白·劳伦斯:《现代教育的起源和发展》,纪晓林译,北京语言学院出版社,1992年,第3页。

3. 新中国的教育评论

（1）新中国教育论争。经过60余年的发展,新中国的教育获得了空前的大发展。教育规模扩大,教育层次齐全,教育形式多样,教育研究受到了较多的重视。教育理论逐步从移植转向创建,初步形成了有中国特色的教育理论体系。改革开放以来,教育评论伴随教育改革与教育理论的发展逐步展开。比如:党的十一届三中全会提出"解放思想"的号召,在1980年前后,教育界开展了关于"教育本质"的论争,论争的焦点主要围绕"教育是经济基础还是上层建筑"这一问题。跟随着教育改革的脚步,教育界诸如此类的论争一直没有停止过。比如:关于教育价值问题的论争,关于教育"人文精神"的论争,以及关于应试教育与素质教育、精英教育与大众教育、教育规模与教育质量等的论争。

（2）教育评论介入了教育改革与发展。虽然,这些论争没有取得一致的结论,但其意义主要是扬弃了旧教育,发展了新教育。比如:关于"教育本质"的论争就修正了教育单纯为政治服务的思想,确立了教育为社会主义经济建设服务的方向,把教育的重心转移到为社会主义现代化建设服务的轨道上来,从而为确立教学在学校中的中心地位、恢复正常的教育教学秩序铺平了道路。可以说,凡是教育改革与发展中的问题都或深或浅地进入教育评论领域,成为教育评论的论题。

二、教育评论学研究的历程

我们把依据人与社会的需要,运用教育科学理论评论教育的活动称为教育评论活动。开展教育评论活动应该具备以下条件:首先,教育活动要丰富多彩、形式多样,给人们提供选择教育活动的充分时空间。其次,教育理论要有较充分的发展,形成基本的体系,为人们认识和开展教育评论活动提供必要的理论依据。再次,社会要有相对宽松的政治舆论环境和良好的学术氛围,允许评论并能有效地开展评论。新中国教育全面发展,为教育评论活动的开展创造了条件,也为教育评论学的孕育与研究提供了土壤。

1. 教育评论学的研究背景

(1)教育评论匮乏。作为一门教育学科的教育评论学,1994年以前尚未被教育界正式提出。虽然对教育著述的评论、对教育家的评论、对教育行为与现象的评论古已有之,但没有规范的教育评论体系,更少有教育工作者把教育评论作为自己的研究领域,教育评论学就更少有人提及了。与图书评论、文学评论在图书和文学作品的"生产"及引导读者方面发挥的作用相比,教育文化的"生产"和作用发挥似乎尚缺乏"舆论监督",使创造和享用教育文化的人多处于茫然状态。由于缺少教育评论,许多优秀教育文化不仅得不到广泛传播,而且难以充分发挥作用。

(2)教育评论偏差。在许多教育著述中,也有对他人(含前人)的教育研究成果、教育行为、教育现象等的评述,但很多都是为自己的著述服务。少得可怜的教育类书籍的评论,也是评介性的歌功颂德的多,很少有客观的对教育著作的辩证分析,对作者和读者并无太大的帮助。沉稳的教育理论界难以开展学术争鸣,即使新中国成立后我国有过几次(如关于教育本质、教育理论与教育实践、主体与主导等问题的讨论)教育学术争论(这种争论文章多带有评论性质),其结果都是公说公有理,婆说婆有理,到底谁有理终因没有裁判(教育评论家)而难有"公论"。

(3)教育评论家缺席。目前,在我国乃至世界,可以说极少像文学评论家那样专门从事教育评论的教育评论家。教育发展到今天,教育评论应该列入教育工作者的议事日程,教育评论家也应从教育工作者的行列中独立出来,"主营"教育评论。在"教育家"这个大概念之下,除教育理论家、教育实践家、教育管理家等之外,还应列入教育评论家;与此相适应,还应考虑创建教育评论学,组建(培养)教育评论家队伍。因此,1994年,笔者开始研究教育评论学,期望建立教育评论学体系,规范和推动教育评论实践,进而通过教育评论实践丰富和完善教育评论学。

2. 教育评论学研究的起步

（1）教育评论学的提出。1994 年，笔者在《教育时报》上发表了《教育科研应进一步解放思想》一文，文章指出："在教育理论、教育史和教育评论三大彼此联系、彼此促进的领域中，教育理论是带头的学科，没有理论研究的深化和突破，便难有教育史研究和教育评论的深化和突破。"①提出了教育评论学研究的问题。1995 年，笔者发表了《关于教育评论学之我见》②与《建立教育评论学学科体系初探》③两篇文章，拉开了教育评论学研究的序幕。1995 年以来，笔者发表了一系列教育评论学研究文章，承担并主持研究了《教育评论学》项目（陕西省教育厅科研基金项目、陕西省高教学会科研项目、咸阳师院科研基金项目），其核心就是要通过认识教育评论现象，探索教育评论规律。2000 年出版的专著《教育评论学》是该项目的研究成果。

（2）教育评论学研究的起步。2000 年，笔者主持研究了《若干教育热点问题评论研究》项目（浙江省"151"人才基金与浙江省高校中青年学科带头人基金研究项目），2001 年至 2003 年出版的专著《新世纪高等教育评论》、《现代教育问题评论》、《美国教育问题评论》、《教育问题：研究与评论》是该项目的研究成果。2003 年，笔者主持研究了"教育评论学研究"项目（浙江省社科联重点研究项目），2004 年出版的专著《教育评论：问题与研究》是该项目的研究成果。2005 年，笔者主持研究了"中国高等教育热点问题评论"项目（浙江省高校人文社科基地重点研究项目），2005 年至 2009 年出版的专著《今日大学教育评论》、《中国高等教育热点问题评论》是该项目的研究成果。这些专著在力图揭示教育评论本质特征的

---

① 刘尧：《教育科研要进一步解放思想》，《教育时报》，1994 年 3 月 25 日。
② 刘尧：《关于教育评论学之我见》，《教育科学论坛》，1995 年第 3 期。
③ 刘尧：《建立教育评论学学科体系初探》，《教育学》（中国人民大学），1995 年第 12 期。

同时,主要关注现代教育问题,尤其是中国特色的教育问题。

3. 教育评论学研究的进程

（1）教育评论学研究的队伍与阵地扩大。进入 21 世纪以后,作为一门独立学科的教育评论学得到了较好发展。2001 年,国内首家教育评论研究所在浙江师范大学成立。2002 年起,教育评论研究所先后与《教育与现代化》、《教育科学研究》、《青岛科技大学学报》、《长春工业大学学报》、《高校教育管理》、《中国电子教育》、《成人高等教育》等学术刊物,以及中国教育科研与计算机网合作开办了"百名学者评论中国教育"、"高等教育评论"、"高教管理评论""教育评论季坛"等专栏。2002 年以来,"教育评论学"作为硕士研究生选修课,在浙江师范大学教育类硕士点开设。2003 年以来,招收教育评论学方向的访问学者。在此期间,国内一些学者也参与了教育评论学研究,发表的研究成果有:李如密的《教育评论学刍议》[1]与《关于教育评论学建构的几点思考》[2],孙名符的《数学教育评论学刍议》[3],杜成宪的《关于教育史评论的理论思考》[4],吴玉伦的《教育史学评论初探》[5]等,谈儒强的《教育史学评论的客观基础一评价标准》[6]等。2003 年,《北京大学教育评论》创刊。2009 年,《教育研究与评论》创刊。许多报刊、电视与网络媒体相继开办了"教育评论"类栏目。2012 年 5 月 19 日,《中国教育报》编辑部在北京召开了"《中国教育报》新闻评论研讨会",这是国内首次举

---

[1] 李如密,高伟:《教育评论学刍议》,《现代教育研究》,1998 年第 3 期。

[2] 李如密,孙元涛:《关于教育评论学建构的几点思考》,《青岛科技大学学报(社会科学版)》,2000 年第 1 期。

[3] 孙名符,张定强:《数学教育评论学刍议》,《高等理科教育》,2006 年第 5 期。

[4] 杜成宪:《关于教育史评论的理论思考》,《华东师范大学学报(哲学社会科学版)》,2003 年第 1 期。

[5] 吴玉伦:《教育史学评论初探》,《河北师范大学学报(教育科学版)》,2006 年第 1 期。

[6] 谈儒强:《教育史学评论的客观基础与评价标准》,《合肥师范学院学报》,2008 年第 5 期。

办的教育评论研讨会。

（2）教育评论研究成果增多。2000年以来,国内先后出版了一系列教育评论学术集刊:比如:袁振国主编《中国教育政策评论》（2000年起,教育科学出版社）、丁钢编《中国教育:研究与评论》（2001年起,教育科学出版社）、劳凯声主编《中国教育法制评论》（2002年起,教育科学出版社）、褚宏启主编《中国教育管理评论》（2003年起,教育科学出版社）、廖楚晖主编《中国教育财政评论》（2005年起,中国财政经济出版社）、朱小蔓等主编《道德教育评论》（2006年起,教育科学出版社）、褚宏启主编《教育发展评论》（2007年起,教育科学出版社）、浙江省高校师资培训中心编《教师教育研究与评论》（2007年起,浙江教育出版社）、谢晖主编《中美法律教育评论》（2009年起,山东人民出版社）、潘懋元主编《中国高等教育评论》（2011年起,教育科学出版社）、刘铁芳主编《中国基础教育评论》（2011年起,格致出版社、上海人民出版社）等。同时,也有许多教育评论著作问世,如朱永新著《反思与借鉴——中外教育评论》（2004年,人民教育出版社）①和《中国教育评论》（2012年,人民大学出版社）等。由以上研究进程可见,作为一门学科的教育评论学在不断的探索中成长壮大。

4. 教育评论学的研究方向

（1）教育评论形式多样化。在人类生活中,教育活动是与每个人相关的,尤其是现代人一生离不开教育。就是说,教育走进了每个现代人的生活,每个现代人都不同程度地享受着教育的恩惠,也都在不时地对教育发表评论。评论者是大众也罢,学者也罢,官员也罢;评论的形式是口头也罢,书面也罢;评论的场所是街头巷尾也罢,是学术会议、政府行政会议上也罢,是学术刊物、书籍、电台、电视台、网络也罢,总之,教育评论无时不有、无人不评。从古到今、从中到外,无论你喜欢还是厌恶,教育评论活动总是伴随着

---

① 刘尧:《教育评论三十年发展》,《社会科学报》,2008年10月23日。

教育活动而存在。

（2）教育评论方向明朗化。面对无时无处不在的教育评论，中国特色的教育评论学研究将走向何方？首先，不排斥教育评论（批评），不能使教育成为一个评论的禁区，而要使教育评论健康成长并发挥应有的作用。任何把教育评论摆到无所作为地位的做法，都不是中国特色教育所要求的。其次，不兼容一切教育评论，不能使落后、腐朽、装腔作势的教育评论有容身之地，而需要与中国特色教育相适应的教育评论，需要先进、健康、切中时弊的教育评论。那种把古今中外腐朽的教育评论推到不应有地位的任何一种做法，都不是中国特色的教育所能容忍的。可以说，未来为了正确理解教育评论的意义，更好发挥教育评论的作用，必须大力开展教育评论学研究。

三、教育评论学研究的不同看法

教育在不断进步，教育评论起到了重要的推动作用。教育要由状态 I 进步到状态 II，这就要由教育评论对状态 I、状态 II 作出评论并肯定状态 II 比状态 I 更加文明。如果没有教育评论的参与，教育的进步是无从谈起的。但为什么在 1994 年以前，教育评论学研究无人问津呢？

首先，这与人类的认识发展规律有关。在古代，教育学属于哲学的范畴，后来学校教育出现，人们才认识到要把教育作为独立的对象进行研究，这时才产生了教育学。这是人类认识进步的结果。教育发展到今天，教育评论是不是到了被作为独立对象进行研究的时候？是不是要创立教育评论学？也就是说，人类对此的认识成熟了没有？笔者认为，只要社会需要又有人发现、有人提出、有人研究，而且言之成理并逐步被人们所接受，就说明认识已经成熟。科学研究如同探险，行动本身就标志着成功。在探险者身后会留下"此路不通"或"此路畅通"的标牌，这对后来的人都是有价值的。我坚信，今天我们提出并开展教育评论学研究，对教育事业是有益的。

其次，我们来看一下关于创立教育评论学的两个问题。对于要不要开展教育评论，人们可能没有太多的质疑，但要创立教育评论学，学者们提出了两个问题：其一，一门学科能否成立就看其有无明确的研究对象，且这个研究对象是不是独立的。其二，每门学科在发展过程中都需要评论，是不是每门学科都要创立一门评论学？比如：经济评论学、社会评论学、科学评论学等。笔者认为，这两个问题是研究教育评论学首先要搞清楚的问题。事实上，从某种角度看，这两个问题是同一个问题。某门学科要不要创立相应的评论学，就看该学科要不要评论、能不能评论、有没有符合创立学科的评论对象和研究对象。如果对以上问题的回答都是肯定的话，就可以创立。①

在教育评论学学科建立的问题上，国内大部分学者主张在学科成立之前先开展教育评论。笔者1995年提出研究教育评论学的时候，有几位学者先后提出不必要去追求完整的体系，最重要的是先把教育评论活动开展起来。中央教科所研究员薛焕玉提出："教育评论学既然是作为研究教育评论的一门学问，那么作为学科的教育评论学必然要在教育评论活动广泛开展之后才有可能建立和不断完善。因此，当务之急是呼吁开展教育评论并认识到其重要性和紧迫性，提倡教育界开展学术争鸣，反对一言堂，改变只能听到一种声音的状态，活跃教育学术气氛。"湖南师范大学教授石鸥提出："教育评论应以实践、理论为圆心而展开，应以评论为动力而进行。从某种意义上说，我们应先去评论理论而不是构建评论的理论。当前的着眼点是无所畏惧的开展教育评论，我们研究教育评论学最终追求的是指导实际评论过程，而不是关于评论的学说。"中央教科所研究员孟明义提出："不论是否作为一门学科，都

---

① 刘尧：《漫谈教育评论研究》，《广西大学学报（哲学社会科学版）》，1997年第1期。

不必在诸如研究对象、方法、性质、特征,以及有什么规律等问题上花费很多时间和精力。"曲阜师范大学教授李如密说:"由于长期以来真正意义上的教育评论的贫乏,教育评论学的范畴及规律的确定与总结会有许多实际的困难。"厦门大学教授王伟廉提出:"建立学科非一朝一夕之功,可先写些文章,一则呼吁,二来也要做些具体评论工作。"

创立教育评论学是教育科学细分的结果。对此,笔者亦有同感。科学是开放的、发展的,不是"封闭的"、静止的。笔者认为,刚提出教育评论学就谈建立学科体系还为时尚早,当前应把重心放在一些更基本的问题上。教育评论学体系的建立不是在教育评论学研究的孕育期,不应是先验的,而应是大量基础问题解决之后自然而然的结果。但是,在教育科学充分发展的今天,不仅不应反对研究教育评论学学科体系,相反还应提倡借鉴其他学科体系之长,在扎实研究基本问题的前提下,提出关于教育评论学学科体系的构想,并认真研究一些关于教育评论学学科体系的基本理论问题。这是必要的,也是必不可少的。著名高等教育家潘懋元先生指出:"我基本上赞同薛焕玉同志的意见,也基本上同意刘尧同志在《关于教育评论学之我见》中加黑点(即上述的一段——著者加)的那一段话。"攀枝花大学研究员洪宝书认为:任何一门新学科从提出到最终建立都有一个漫长的过程,这一过程的长短是由人们在这一学科领域的实践和研究活动的深入程度决定的。学科的发展总是越来越分化,这种分化是人们的研究活动越来越深入、越来越精细所使然。教育评论学的提出,也是教育科学研究越来越细分、越来越精细的结果。

教育发展需要教育评论这个视角。西北师范大学教授胡德海认为:开展教育评论学研究非常必要,这是发展教育学术的必由之路。教育科研成果的形成一般具有个体的特点,是指教育科研主要是一个人或称是一家一户的劳作成果。这些劳作成果一经面世走向社会,社会就得有所反应,教育评论就是这种社会反应机制。

好成果有人说好,不好的成果也有人看得见,有人出来说话。教育评论代表的应是一种社会的眼光、社会的视角,这个视角不能没有。① 教育评论学的最终建立有赖于教育界有更多的人参加到教育评论活动中来,也有赖于有更多的人对教育评论活动本身做出更广泛、更深入的研究。要以大量的教育评论活动为基础,去发现和概括出教育评论活动自身的运动和发展规律。

四、教育评论学研究的意义

针对我国教育发展与教育评论的实际情况,1994 年笔者发表了《教育科研要进一步解放思想》一文②,文章指出:"当代教育评论对促进教育理论的繁荣有直接关系,然而,教育评论仍然很薄弱应加快发展,教育评论应不囿于对教育思想、教育理论的分析评介,还应从怕得罪人的'庸人哲学'中获得解放。教育评论家是教育家的诤友,亦是教育家与教育工作者的桥梁。教育评论要正确阐释教育著述并反馈来自教育实践的信息。"概括起来,教育评论学研究的意义表现为以下几方面:

1. 丰富和发展教育科学

教育科学作为人文、社会科学的一门分支学科,以教育问题为研究对象,是各种教育知识的体系和各门教育学科的总称。我国教育科学经过百余年的发展,随着内部学科的分化以及相邻学科的相互渗透,已经形成了一个包括许多分支学科和边缘学科的庞大学科群。③ 它们从不同角度,运用不同方法,研究教育问题,探讨教育规律,回答了诸如"教育是什么,为什么?""教育做了什么,还

---

① 刘尧:《关于教育评论学研究若干问题简答》,《广西大学学报(哲学社会科学版)》,1998 年第 2 期。

② 刘尧:《教育科研要进一步解放思想》,《教育时报》,1994 年 3 月 25 日。

③ 周洪宇,刘居富:《迈向 21 世纪的中国教育科学》,华中师范大学出版社,1998年,第 35 页。

能做什么?"的问题,而对"教育做得怎么样,应该怎样做?"却较少关注。这是教育科学研究的一个盲点,也是教育评论学丰富和发展教育科学的立足点。

2. 规范和指导教育评论实践活动

尽管教育评论学以前尚未有人提出,但教育评论实践活动一直在进行着。比如:对教育图书的评介、对教育学术观点的争鸣、对教育行为的批评、对教育家的评论等,这些都是教育评论学要研究的内容,只是以往的评论很不规范,没有很好地发挥教育评论对教育理论、教育政策和教育行为的积极导向作用,也没有教育工作者自觉把教育评论划入自己的研究范围,致使大量的教育文献和纷繁的教育现象出现,这不仅使教育工作者束手无策,更使社会人群因此而盲动。也因此,教育政策、教育理论、教育行为、教育现象失去应有的"舆论监督",反馈渠道不畅,使教育理论很难完善,教育实践误区重重。

3. 减少教育活动的失误

总而言之,开展教育评论学研究,不仅可以丰富和发展教育科学,规范和指导教育评论实践活动,更为重要的是教育评论学通过有效规范教育评论实践活动,对教育科学和教育实践起到一种引导、监督和促进作用,使人类的理性思维对教育理论的成熟发挥催化作用,并通过成熟的教育理论对教育实践进行有效的指导,把教育的失误减少到最低限度。用石鸥教授的话说,教育评论学研究的功用,不仅在于充当攀登教育科学圣殿的通天梯,而且在于成为抵住教育科学和教育实践通向肤浅化、庸俗化之门的顶门杠。

五、教育评论学的研究对象

任何一门学科的产生、进步和发展,都有赖于对其研究对象、内容、任务和方法的正确认识和深刻理解,这是确立一门学科的主要依据。教育评论学的研究对象、内容、任务和方法是什么,也是教育评论学研究首先要回答的问题与出发点。作为一门新兴学科，教育评论（学）是教育科学的三大领域之一，它与教育理论、教育史并列构成教育科学。教育理论要回答教育是什么、为什么；教育史则要回答教育做了什么、还能做什么；教育评论就该回答教育做得怎么样、应该怎样做，即要回答教育在促进人的全面发展和社会文明方面做得如何。① 明确了以上根本问题，教育评论学的研究对象、内容、任务、方法等就不难把握了。

1. 人类的教育评论现象

一门学科能否成立，要看它有没有相对独立的研究对象。要建立教育评论学，就必须先明确它的研究对象。我们"不能期望一个研究人员能够合理地进入一个完全没有加以明确、没有界限的学科领域"。② 因为没有一个明确的大致的界限，教育评论学就会失去其应有的个性、地位和独立性。教育评论学研究对象就是人类的教育评论现象。"科学研究的区分，就是根据科学对象所具有的特殊的矛盾性。因此，对于某一现象的领域所特有的某一种矛盾的研究，就构成某门科学的对象。"③ 教育评论学研究对象——人类的教育评论现象——所"具有的特殊矛盾性"是它本身所特有的，既与其他学科不相混淆和冲突，也是其他任何学科所无法替代的。

2. 教育评论的特殊矛盾

科学的分类是以矛盾的特殊性为基础的。每一门学科都以事物的特殊运动形式所包含的一系列矛盾作为自己的研究对象，它以揭示该事物特殊运动形式的特殊规律为任务，以作为该特殊规律的科学反映的原理为内容。要论证教育评论学是一门独立学

---

① 刘尧：《建立教育评论学学科体系初探》，《教育学》（中国人民大学），1995 年第 12 期。

② ［英］亚历克斯·英克尔斯：《社会学是什么》，中国社会科学出版社，1981 年，第 1 页。

③ 李金铨：《大众传播理论》，台湾三民书局，1983 年，第 14－17 页。

科,就必须对其所研究的教育评论的特殊运动形式所包含的特殊矛盾及所揭示的特殊规律给予科学的说明,这是论证教育评论学之所以成立的最基本问题。① 教育评论学研究就是从人类社会的普遍联系中,从人类教育评论的内在机制和外在联系,以及各种教育评论因素之间的相互关系中,探索和揭示教育评论过程和规律。② 教育评论学作为研究教育评论过程和规律的科学,教育评论过程中的矛盾就是它的研究对象。

3. 教育评论的基本矛盾

教育评论过程是一个充满矛盾的过程,是一个矛盾运动系统。在众多矛盾中,教育评论主体与教育评论客体的矛盾是教育评论过程的基本矛盾。这一矛盾普遍存在于一切教育评论过程之中,贯穿于每一教育评论过程的始终,并且决定着教育评论过程的其他矛盾的状况以及教育评论过程的性质和发展。而教育评论过程实质上就是这一对矛盾展开的规律。教育评论学对于教育评论主体与教育评论客体及其相互关系和矛盾运动规律的研究,正在于研究教育评论主体如何通过解决其与评论客体的矛盾,以促成教育评论过程的正常运行。

4. 教育评论的主体与客体

教育评论主体是指具有一定教育评论素质和教育评论技能的、专门从事教育评论活动的人。教育评论客体是指教育评论主体作用的对象——教育文化。具体地说,教育评论学对于教育评论主体的研究,是着重于研究教育评论主体如何在教育评论过程中发挥主导作用,并通过解决其与评论客体的矛盾以促进自身矛盾的解决,不断完善自身以适应与评论客体矛盾发展变化的需要。教育评论学对于教育评论客体的研究,着重于研究教育评论客体如何吸收教育评论的反馈信息修正自己,并通过解决其与评论主

---

① 刘尧:《论建立教育评论学的基本理论问题》,《社会科学战线》,2000 年第 2 期。
② 刘尧:《关于教育评论学之我见》,《教育科学论坛》,1995 年第 3 期。

体的矛盾不断完善和提高自己。教育评论学对于教育评论主体与教育评论客体相互关系及其矛盾运动的研究,着重于研究在教育评论过程中如何正确处理二者之对立统一关系,通过恰当的斗争方式解决矛盾,以求教育评论过程的正常运行和二者的协调发展。

六、教育评论学的学科特点与性质

教育评论学是研究教育评论过程和规律的科学。或者说它是研究教育评论活动的历史、现状,教育评论现象的本质联系,教育评论工作的性质、任务和作用,以及教育评论工作的原则、方法的科学。作为一门学科的教育评论学,具有以下特点与性质。

1. 教育评论学的学科特点

(1)整体性。教育评论学所要研究的不只是支撑教育评论活动的几种要素(如教育评论主体、客体、媒体等)和一些单纯的教育评论现象,而是一个有机的相互联系的整体系统;也不局限于某一社会制度下的教育评论活动和某类教育评论现象(如教育图书评论或教育人物评论等),而是面向世界、面向未来,针对并包括人类教育评论的全部现象。

(2)互动性。整体是互动因素的聚合与归并,互动是整体形态的链条与部件。互动不是单向和单方面的,而是多向和多方面的。教育评论学要研究的正是教育评论活动各种因素之间永不停止的相互影响、相互作用、相互制约的复杂情况与动态关系。

(3)开放性。教育评论学所面对的不只是个别的教育评论活动与现象,而是从一定的角度、窗口研究和审视整个教育评论世界,即它向自己要解决的那个任务的所有现象开放,以便弄清它与教育理论、教育史、教育实践等的互动关系。

(4)综合性。教育评论学在分析教育评论现象、探讨教育评论规律时,不会局限于只使用和吸收一两种方法、手段和相关学科知识,而是综合运用、借鉴多种方法、手段和知识,对研究对象作多变量、多层面的立体关照与分析,以查明它的内部机制和外部联系。

(5)发展性。教育评论活动从古至今绵延不绝,生生不息,不断发展,教育评论学要以发展的眼光来看待和分析研究教育评论现象,关注教育评论的历史、现状与发展趋势,进而推动教育评论驶向良性发展的轨道。

2. 教育评论学的学科性质

(1)教育评论学是意识形态学科。教育评论活动是一种教育科研活动,它的直接结果是鉴别、评判教育文化的优劣,进而对教育文化产生社会舆论导向作用;而教育文化本身及其所产生的附着于受教育者身心的精神产品都属于意识形态范畴,可见教育评论学属于研究意识形态的科学。

(2)教育评论学是基础理论学科。教育评论学的主要任务是建立教育评论学的学科体系,并给予科学的揭示和阐述,使这些概念和范畴形成有机整体。同时,还要运用这些概念、范畴及其所固有的内在联系,采取科学的方法论证教育评论活动中最普通、最一般的科学原理,从而揭示出教育评论活动及其形成与发展的规律。其任务是对教育评论的原理和规律、形式和内容、标准和途径、主体和客体、结构和功能、现象和本质诸方面作出科学的把握或阐述。所以,教育评论学属于基础理论学科。

(3)教育评论学是综合性学科。教育评论学作为教育科学的分支学科,从纵向上关注教育评论历史和未来发展,从横向上关注现时教育评论的一切和一切教育评论。有学者提出,教育评论对象是否先放在教育论著上,而不宽泛地提"教育的一切和一切教育",即教育文化。笔者认为,从学科建设角度考虑教育评论学应该是健全的,而不是畸形的、部分的。教育评论学研究对象应涉及整个教育评论领域,可以从不同视角、针对不同范围建立多部门和多层次的分支学科(如教育理论评论学、教育史评论学、教育政策评论学、教育家评论学等)。所以,教育评论学是一门综合性学科。

(4)教育评论学是新兴学科。尽管教育评论这一社会现象古已有之,但前人没有研究过教育评论学,人类对教育评论客观规律还没有认识。当代人对当代教育的评论与古代人对古代教育的评论处在同一水平上,对教育评论本身的认识也无所谓进步。就是说,教育评论是一个被人类从教育诞生那一天起就挂在胸前、一直挂到今天的饰物,它既古老又现代。说它古老是因为它是人类教育的恋生兄妹,说它现代是因为之前尚无人去关注和研究它。今天研究它,其研究过程带有开拓性,研究内容带有前沿性,研究方法带有探索性。因此说教育评论学是一门新兴学科。

七、教育评论学的学科体系

黑格尔说:"哲学若没有体系,就不能成为科学。没有体系的哲学理论,只能表示个人主观的特殊心情,它的内容必定是带偶然性的。"[①] 而要构造某一学科的学科体系,就必须确定该学科体系的逻辑起点。

1. 学科体系与概念体系

所谓某一学科的学科体系,实际上就是该门学科的概念体系。任何一门学科都有自己特有的基本概念,由它派生出一系列概念形成一个概念体系。借助于概念体系形成判断,由判断而进行推理是一切学科体系的基本逻辑结构。建立教育评论学的学科体系,就是建立其概念体系,并给予科学的揭示和阐述,使概念形成有机整体。一门学科能否确立,一个突出的标志就是看它是否形成了自己特有的基本概念。

2. 教育评论学学科体系的基本概念

要建立教育评论学,首先要运用科学方法从大量教育评论过程积累的具体感性材料中抽象出"教育评论"的基本概念,再运用科学方法揭示"教育评论"的多种规定性,揭示这诸多规定性之间

---

① 黑格尔:《小逻辑》,商务印书馆,1980年,第56页。

的对立统一关系,进而达到多种规定性统一的"教育评论"具体概念。①

"教育评论"是教育评论学最基本的概念,教育评论学的全部概念都要由"教育评论"这一概念中派生出来,教育评论学的全部判断和推理可以说都是"教育评论"概念的展开。因此,在一定意义上,教育评论学就是"教育评论"概念的逻辑展开。我们如果把这一逻辑展开过程研究清楚并给予科学的理论把握,建立教育评论学的问题就好解决了。也就找到了研究教育评论学的逻辑起点。

3. 教育评论学的基本概念与基本原理

科学是研究规律、揭示规律的,规律的理论形态表现为科学的原理。教育评论学要使自己成为一门独立的学科,就必须在确立其基本概念的基础上确立自己的基本原理。所谓原理不过就是概念的展开,因此,必须先确立概念而后确立原理。然而,所谓概念,不过是一系列基本原理的凝缩,不对概念所包括的诸多规定性加以揭示就形不成概念,因此从这个角度又可以说,必须先确立原理而后形成概念。

由此可见,确立基本概念和确立基本原理,无论从逻辑上或历史上看都是同一个过程也就是说,揭示教育评论学基本概念的具体规定性和揭示教育评论学的基本原理其实是一回事。教育评论学基本原理的本质是教育评论规律,教育评论学基本原理的确立,就是对教育评论规律的探求。教育评论学研究从一开始就应深入到教育评论规律的揭示,而不应停留在教育评论过程的描述上。

4. 建立教育评论学学科体系的原则

教育评论学学科体系研究应当遵循的原则很多,这里强调逻辑与历史相统一(即要坚持教育评论学学科体系内在的逻辑结构及因果联系方式与其发展过程相统一)的原则。教育评论过程既是一个历史的过程,又是一个概念的逻辑推演过程。要研究教育评论学的

---

① 刘尧:《教育评论学研究的几个理论问题》,《复旦教育论坛》,2003 年第 4 期。

学科体系,必须对这两个过程以及它们之间的统一进行探讨。

另外,我们还强调科学性与规范性相统一原则(或称实然与应然统一、事实与价值统一原则)。前者强调教育评论学学科体系与教育评论的本来面目及其规律要求相符合;后者强调与人的需要和政治、经济及社会需求相协调。科学性决定支配其规范性,规范性应用和发展其科学性,二者是有机统一的。

5. 教育科学体系中的教育评论学

在教育科学分化为庞大的学科群的今天,作为新兴学科的教育评论学,能否在教育科学体系中找到自己的位置,就成为教育评论学能否立足的关键问题。根据研究"教育是什么?""教育做了什么?""教育做得怎么样?"这三个尺度,我们把教育科学分为教育理论、教育史论和教育评论三大领域。现有的教育学科都可以归入相应的领域,从而得到一种新的教育科学分类体系(图 1-1)。① 在该体系中,教育评论学有了合理的地位。

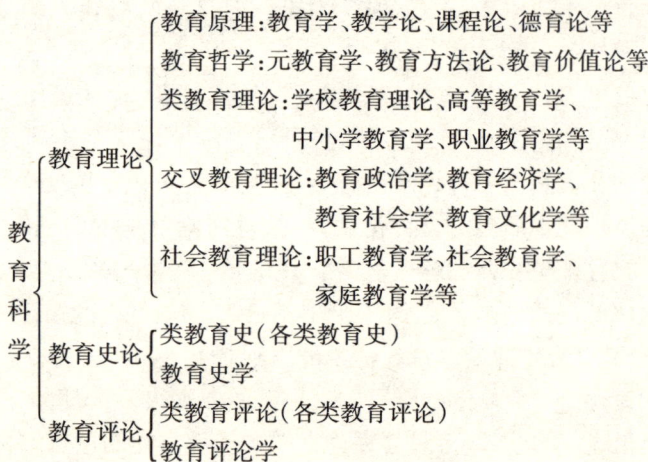

图 1-1　教育科学分类体系

教育科学
- 教育理论
  - 教育原理:教育学、教学论、课程论、德育论等
  - 教育哲学:元教育学、教育方法论、教育价值论等
  - 类教育理论:学校教育理论、高等教育学、中小学教育学、职业教育学等
  - 交叉教育理论:教育政治学、教育经济学、教育社会学、教育文化学等
  - 社会教育理论:职工教育学、社会教育学、家庭教育学等
- 教育史论
  - 类教育史(各类教育史)
  - 教育史学
- 教育评论
  - 类教育评论(各类教育评论)
  - 教育评论学

---

① 刘尧:《中国教育科学的回顾与展望》,《华中师范大学学报(人文社会科学版)》,1999 年第 5 期。

八、教育评论学的学科群及其关系

教育评论学学科群包括教育测验学、教育测量学、教育统计学、教育评估学、教育评价学、教育评论学,它们之间有区别,但从对教育现象进行是非、好坏判断这方面讲,它们构成了一个学科群落。它们的基本概念分别是:教育测验、教育测量、教育统计、教育评估、教育评价、教育评论,对各门学科的基本概念进行比较,可以看出它们之间的区别。① 下面从价值论和医学的角度来考察这些概念的区别。

1. 从价值论的角度看

唯物主义价值论认为,价值判断和事实判断是人们把握客观世界的两种不同方式。两者反映的对象、意义等成分都有着质的区别。

(1) 价值判断和事实判断的区别。价值判断以客体与主体需要的关系为对象,它探讨客体的价值属性,即客体的人与社会意义——对人与社会需要意味着什么,它以多种认识形式——认识(价值与事实判断)、情感(对价值的态度体验)、意志(对价值的自觉保证)等诸种形式的综合来反映客体与主体需要的关系。② 而事实判断以客体的本质和规律为对象,它探讨客体"是什么",探讨事物的现象、本质和规律等实体属性,即以理性认识这种抽象思维形式反映客体的本质及其规律。事实判断在于诊断与鉴别教育的性状,价值判断则是对诊断鉴别而得的结果或结论,按其价值取向进行合乎目的的判断;事实判断是价值判断的基础,价值判断是事实判断的目的性追求。

(2) 教育评价和教育评论的区别。从以上分析来看,教育评

---

① 刘尧:《教育评论与教育评价的区别》,《青岛科技大学学报(社会科学版)》,2002 年第 1 期。

② 张玉田,等:《学校教育评价》,中央民族学院出版社,1987 年,第 113 页。

价不仅要借助教育测验、教育统计、教育测量对评价对象进行量的测定和分析,而且要进行质的分析,把所有考查绩效的材料与分析综合起来,看在多大程度上达到了预期目的并做出价值判断。教育评价是建立在事实判断基础上的价值判断。而教育评论是依据一定的教育价值观和价值取向,对教育的一种价值判断。

（3）从事实判断到价值判断看教育评论学学科群的关系。从教育测验到教育评论是一个由事实判断向价值判断变化的过程,不能说教育测验丝毫没有价值判断,其在测验什么、不测验什么的问题上是有价值判断的;同样,也不能说教育评论就无点滴事实判断,教育评论需要以事实判断的真凭实据为论据。对上述分析,我们可以事实判断为纵轴,以价值判断为横轴,用一条曲线把从教育测验到教育评论的事实判断与价值判断的变化表示出来,如图1-2所示。

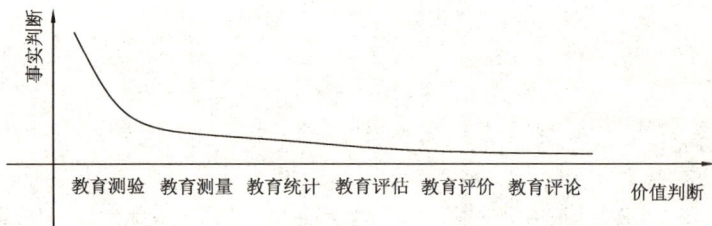

图1-2　教育评论学科群事实与价值判断变化曲线

2. 从医学的视角看

（1）类比。如果把教育比作一个"病人"的话,教育测验就是用来测量"病人"病症的医疗器械;教育测量就是医生用医疗器械为"病人"进行检查;教育统计就是医生向"病人"问诊;教育评估就如同医生对"病人"进行会诊;教育评价就如同医生对"病人"实施治疗;教育评论就如同保健医生对"病人"进行保健指导或对健康的人实施保健教育一般。可用图1-3直观表示:

教育——教育测验——教育测量——教育统计——教育评估——教育评价——教育评论

医疗——医疗器械——检查——问诊——会诊——治疗——保健

医疗　　　　　　　　　　　预防·保健

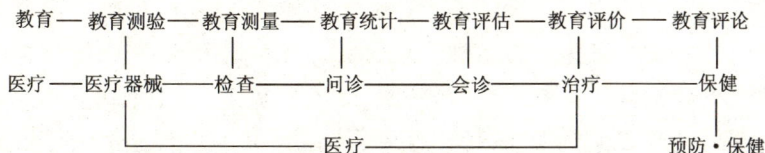

图 1-3　教育评论学科群医学类比图

（2）分析。从上图类比可看出,这些概念是有根本区别的。尤其强调的是从医疗器械到治疗都属于医疗的范畴,而保健则属于预防范畴,这两个范畴在医学上有显著区别,所以类比结果可以间接表明:教育评论与教育评价等在教育科学上属于不同范畴,有显著区别,不可混为一谈。

九、教育评论学的研究内容与任务

我们将教育评论学的研究内容和任务分为根本内容和任务、具体内容和任务。根本内容和任务是抽象性的、关系到学科生存和发展的认识问题,具体内容和任务是操作性的、关系到学科研究与建设的实践问题,两者相辅相成,共同构成教育评论学研究的全部内容和任务。[①]

1. 根本内容和任务

（1）根本内容。教育评论学研究是对教育评论主体与教育评论客体矛盾状况及其发展的揭示。对于教育评论主体,主要研究其在教育评论活动中的地位和作用、任务和职责,以及作为教育评论主体应具备的基本素质和能力等。教育评论学对于教育评论主体的研究既要考虑它与教育评论客体的相互规定,在与教育评论客体的对立统一中加以把握,也要把它放在教育评论活动中作为教育评论过程运行的主要承担者来考察。对于教育评论客体,主要研究作为教育评论客体的教育文化,如何通过教育评论过程使

---

① 刘尧:《论建立教育评论学的基本理论问题》,《社会科学战线》,2000 年第 2 期。

之在内容和形式上更加完美,并获得尽可能高的社会效益。

（2）根本任务。教育评论学研究是通过研究教育评论主体与教育评论客体的关系,深入地观察、准确地提出、科学地分析、恰当地解决它们之间的矛盾,使教育评论过程得以顺利地进行,实现预期的教育评论目的。总之,教育评论学的根本任务是研究教育评论主体、教育评论客体、两者矛盾的性质和解决途径,以及矛盾双方各自的特点及其相互联系。

2. 具体内容和任务

（1）具体内容。从教育评论学学科研究与建设的层面看,教育评论学的研究内容包括:教育评论学的研究对象——教育评论,教育评论客体——教育文化,以及教育评论主体、教育评论媒体、教育评论标准、教育评论方法、教育评论功能、教育评论形态等诸多方面。

（2）具体任务。其一,分析和探讨教育评论规律。"科学的本质是寻求持久的真谛。科学研究者在描述各种现象之间有规则的关系,解释某些事件如何影响或引起另一些事件,从而产生规律性。换言之,科学寻求不变原理。"① 对于教育评论学来说,就是描述和分析教育评论过程,探讨教育评论现象之间联系和斗争的必然性。其二,解释和解决教育评论现象和问题。教育评论现象纷繁复杂,教育评论问题层出不穷,这些都需要教育评论家运用教育评论原理、知识和方法给予正确解释并合理解决。其三,总结和深化教育评论研究成果。在人类漫长的教育史上,积累着丰富的口耳相传的教育评论经验和教训,也有一些诉诸文字的教育评论思想和实践经验。对这些进行挖掘、研究和总结,有助于指导教育评论实践,也有助于深化教育评论学研究。其四,宣传和普及教育评论学知识,引导大众树立正确的教育评论观念,形成健全的评论机制和健康的教育评论风尚等。

---

① ［美］德弗勒,鲍尔·洛基奇:《大众传播学概论》,新华出版社,1990 年,第 164 页。

十、教育评论学的研究方法

任何一门科学都要有自己的研究方法,教育评论学也不例外。哲学是世界观又是方法论,它为一切具体科学提供了一般的方法论原则。马克思主义唯物辩证法就是教导人们要善于观察和分析各种事物的矛盾运动,并根据这种分析指出解决矛盾的一般方法。

1. 一般方法

(1)矛盾分析法。运用唯物辩证法观察和分析教育评论过程中的矛盾,并指出解决的方法,正是教育评论学的基本任务。因此,唯物辩证法的基本原则对于教育评论学研究也有重要的指导意义,也应是教育评论学研究的一般方法。矛盾分析法是唯物辩证法的基本方法,也是教育评论学研究的基本方法。

(2)矛盾分析法的运用。运用矛盾分析法分析教育评论过程中的各种矛盾(特别是基本矛盾),分析矛盾双方各自的特点及其相互联系、相互作用,分析矛盾的运动和发展,从而深刻揭示教育评论本质和规律,把教育评论学建立在牢固的基础之上,是建立科学的教育评论学的可靠途径。①

2. 具体方法

教育评论学是一门新兴学科,在将矛盾分析法运用于教育评论学研究时,不可避免地还要形成一些带有自身特点的具体方法。除下详述除文献法、统计法、观察法、社会学方法、人类学方法、心理学方法、传播学方法等之外的几种具体方法。

(1)调查研究法。调查研究是教育评论家在科学方法论的指导下,运用科学手段和方法,对教育评论现象进行有目的的、系统的考察,以此来搜集大量资料,并对这些资料进行认真分析和研究,以达到明了教育评论内部结构及其相互关系和发展变化趋势

---

① 刘尧:《关于教育评论学之我见》,《教育科学论坛》,1995 年第 3 期。

的目的。运用调查研究法要从实际出发,坚持调查的客观性,力戒主观随意性,学会运用对立统一的观点和联系与发展的观点,全面、系统地分析各种教育评论现象和问题,进而寻求对教育评论本质和规律的理解与把握。

(2)比较研究法。比较研究法是运用比较、分析的方法,研究教育评论现象在不同时期、不同地点、不同情况下的不同表现,以揭示教育评论的普遍规律及其特殊表现,从而得出科学的结论。

(3)历史研究法。任何教育评论现象都不是孤立的,而是有其产生的历史背景和发生发展的过程。历史研究法就是通过搜集某种教育评论现象发生、发展和演变的历史事实,加以系统的、客观的分析和研究,从而揭示其发展规律的一种研究方法。

(4)内容分析法。内容分析法是教育评论家对其所选定的某时某地的教育评论现象进行客观、系统地分析和描述的方法。其研究的步骤为:首先确定一个调查题目或一个待验证的假设;然后选择合适的信息材料并确定研究范围;接着制订一整套可靠、有效的信息分类标准以详细划分信息内容;最后对分类后的信息内容进行统计分析并得出结论。

(5)系统研究法。从广义上说,控制论、信息论、系统论都可以称为系统科学,它们的核心是系统。所谓系统是指由相互作用、相互依赖的若干组成部分结合而成的具有特定功能的有机整体。系统研究法就是从教育评论系统出发把握系统与部分、部分与部分、系统与环境之间的相互联系和关系,从而揭示教育评论系统的整体性能。

第二章 教育评论的过程与原则

教育评论是什么？这是许多人关心的问题，也是教育评论学研究的对象。通俗地讲，这需要把"教育"和"评论"分开来看："教育"这个概念有多种说法，在这里简单地把"教育"看做人类所进行的一切有目的的知识传授活动；"评论"是人们对事物的多向度价值判断，是评说、是议论。《辞海》把"评论"解释为"报刊言论的总称"，指社论、短评、述评以及评论文章。简而言之，教育评论是人们对一切有目的的知识传授活动（教育）的价值判断，并通过评说、议论的形式表达出来。教育评论学认为，"教育评论是评论主体根据人与社会的需要，对教育评论客体（教育文化）进行鉴别、评说，产生社会舆论，促使教育在人与社会发展中发挥积极作用的活动"。①

一、教育评论的内容

教育评论内容是教育评论学研究的基本理论问题之一。简而言之，教育评论是评论主体对教育文化的阐释和价值判断活动。教育文化只有通过教育评论的推荐、传播、宣传、评介，才能为社会各界所知晓、接受和利用，使优良的教育文化充分发挥作用。② 作为教育评论对象的教育文化，主要是指具体的教育著述，同时也包括教育活动的整个过程、教育发展的现实运动、教育在社会发展中的地位和作用的实现以及教育评论本身等。教育评论的内容主要有以下几方面：

1. 评论教育文化

教育评论最基本的任务是对教育文化进行科学的品评，鉴别其优劣，分析其得失。这种品评以对教育文化的合规律性、合目的

---

① 刘尧：《建立教育评论学学科体系初探》，《教育学》（中国人民大学），1995年第12期。
② 刘尧：《论教育评论的性质和作用》，《青岛科技大学学报（社会科学版）》，2000年第1期。

性品评为基础,进而对其内涵和特点加以阐释,最后从总体上作出价值判断。具体来说,可以分为品评、阐释、判断三个步骤:

(1)品评。教育评论家将自己及其他评论主体对教育文化的品评、体会加以明晰化和系统化。脱离了品评这一基础,未充分感知和把握教育文化的内涵和特点,就无法作出价值判断。

(2)阐释。教育评论家根据自己的分析和理解对教育文化作出阐释。教育文化所包含的内涵和特点,不可能完全诉诸教育文化客体,教育文化主体的思想倾向也不可能完全被教育文化客体感受和领悟,这些都需要教育评论进行阐释。这种阐释要力图客观、具体和准确,且凝聚着教育评论家的主体认识,闪烁着新鲜独特、富于光彩的真知灼见,常常超越教育文化主体的思想和教育文化客体的感受。

(3)判断。教育评论家在阐释的基础上,对教育文化的内涵、特点乃至教育文化主体的思想等作出判断。这种判断的主要内容是对教育文化的科学性判断,当然也包括道德性和思想性的判断。但要避免和反对那种简单粗暴的、武断的、忽视教育规律的"判决式"判断。

2. 论争教育主张

教育评论是教育评论家参与教育界不同教育主张论争的主要方式。在教育界内部,由于教育理念、教育观念、教育追求以及政治立场和宗教信仰等不同,经常存在着教育主张的差异、对立、矛盾和斗争。

(1)客观公正的立场。上述论争的内容有些是具体的教育问题,有些是涉及教育方向的原则性问题。教育评论家要站在客观公正的立场上,通过评论教育论争双方的主张来引导论争的方向,使论争在充分说理的批评和反批评的基础上,促进教育思想交流与发展。

(2)全面综合的提升。教育评论是一种融合了科学、道德、思想的评论,对教育文化作出科学、道德、思想方面的分析和判断是教育评论的目的。单纯地从政治或经济方面对教育文化进行鉴别和评判,不是教育评论。教育评论之所以能对教育文化予以指导,就在于它对纷繁的教育文化不仅从科学、道德、思想多方面有所鉴别、推荐,有所赞赏,有所批评,而且对其思想内涵有所发挥,有所提高,做到发人之所未发,言人之所未言。

3. 研究教育评论学

（1）教育评论不能没有科学理论。科学理论对实践的指导作用是不能低估的。列宁曾说:"没有革命的理论,就不会有革命的运动。"① 科学理论之所以能够对实践有巨大的指导作用,是因为它正确地反映了事物发展的客观规律,因而又能反过来指导实践,克服盲目性,达到预期目的。

（2）教育评论必须依据教育评论学。教育评论除了评论教育文化、论争教育主张以外,还需要在考察大量教育评论现象的基础上,总结教育评论经验、探讨教育评论理论、建立教育评论学。在教育评论理论指导下的教育评论,不仅对于教育文化有具体的指导和规范意义,有时甚至成为一个时代教育革新的先导。

二、教育评论的作用

教育评论从本质上说是依据人与社会的需要,通过对教育文化进行鉴别和评说产生社会舆论,促进教育文化在社会文明建设和人自身发展中发挥更大的作用。我们将教育评论置于不同系统,来考察它的独特作用。②

1. 置于教育文化接受系统中,它是高级阶段

一般的教育文化接受只是自发的精神活动,而教育评论则是对教育文化的自觉把握。教育文化接受中主体的体验和认识往往

---

① 《列宁选集》第 1 卷,辽宁人民出版社,1985 年,第 241 页。
② 胡有清:《文艺学论纲》,南京大学出版社,1996 年,第 289－292 页。

是分散的、模糊的和经验性的,而教育评论则将主体的体验和认识加以明晰化和系统化,并上升到理性认识的高度,带有科学性和理论性。同时,教育评论家比一般的接受主体具有更高的思想水平、更深厚的理论修养和更强的分析能力,在接受教育文化时,有着更为透彻的理解和认识。教育评论就是引导教育文化接受达到更高的水平,从而使教育文化发挥更大的作用。

2. 置于教育文化的大系统中,它是理性的反馈与升华

教育评论对教育文化的反馈和升华作用表现在:其一,直接对教育文化进行干预。教育文化接受教育评论的制约是潜在的,而教育评论不但把教育文化接受反映的信息及时地反馈给教育文化主体,而且还包括对这些信息作出理性的分析和升华,对教育文化主体产生的影响更为直接和全面。同时,教育评论家的评论观点会影响人们对教育文化的接受心理,从而在更广泛的范围内和更深入的层次上引发进一步的反馈。其二,对教育文化的阐释和判断,往往是言教育文化主体所未言,使教育文化主客体双方在境界上得到升华。就是说,教育评论不但对于教育文化主体的创造活动具有促进作用,而且本身也成为教育文化主体创造教育文化的进一步延伸。其三,教育评论不像教育文化接受那样仅仅局限于教育文化,而是在更大的程度上影响教育文化风貌,促进教育文化发展。教育评论家对某种教育主张的支持和反对,对某种风格、流派的发现和褒贬,都可以起到影响教育文化发展的作用。

3. 置于教育科学体系中,它是独立的教育学科

一般情况下,教育评论主要采用概念、判断、推理等理论形态,把握教育文化,总结教育评论经验,揭示教育评论规律。所以说,教育评论活动是一种科研活动。教育评论学是一门研究教育评论现象的教育学科,其任务是对教育评论的原理与规律、形式与内容、现象与本质诸方面作出科学的把握和阐释。作为教育科学一个部门的教育评论(学),是教育实践与教育理论、教育史之间的中介,以自己对教育实践所作的分析和判断,充实和促进教育史和教

育理论研究;同时,又将教育理论和教育史研究成果融入自身,从而推动整个教育科学的发展。

三、教育评论过程及其特点

教育评论过程是教育评论学的重要内容之一。一般来说,过程是指事情进行或事物发展所经过的程序,这种程序是按时间先后和活动顺序安排的工作步骤。

1. 教育评论过程

(1)教育评论过程的含义。任何事情都有一个过程,进行教育评论也一样。任何过程都有自己的特殊规律和特点。教育评论过程就是教育评论主体作用于教育评论客体所产生的一系列矛盾运动。教育评论学所研究的教育评论过程的基本原理,适合于教育评论的任何一个领域,是教育评论各个过程所共有的原理。①

(2)教育评论的一般过程。包括评论什么、为什么评论、怎样评论和评论传播等环节。这里的"评论什么"指的是对教育文化进行观察和调查研究后选择的具体评论对象。"为什么评论"则指确定具体的评论目的。"怎样评论"包括评论标准的确立、评论方式的选择,以及评论资料的收集、分析研究和撰稿等。"评论传播"包括对评论家的观点通过某种方式传送到评论受体,让评论发挥效应。原则上讲,一般的教育评论都应遵循上述过程。但是,在进行具体的教育评论时,不一定按部就班,要根据实际情况做具体分析。就是说,教育评论家在评论过程中要灵活对待评论的程序,不可生搬硬套。

2. 教育评论过程的特点

(1)客观与主观的统一。教育评论过程是教育评论家对教育客观现象的主观认识过程。只有主观认识反映了客观现实,即主

---

① 刘尧:《教育评论过程论》,《青海师专学报(哲学社会科学版)》,1999 年第 3 期。

观与客观统一时,教育评论才是有效的。这就要求教育评论家对教育现象要有全面、客观的认识。

（2）历史与现实的统一。每一个教育评论过程都是在继续前人教育评论过程的基础上,把该评论过程向前推进一个阶段。每一个阶段都包含着前人的评论结晶,又孕育着后人的评论因子。这就要求教育评论家要正视历史,把历史与现实辩证地统一起来。

（3）动态和静态的统一。教育评论主体除对教育评论客体的现状作静态评论外,还要通过评论来探讨它的发展趋势。这就要求教育评论主体用动态的观点进行评论,既看到教育评论客体的过去、现在,还要预言它的未来。教育评论客体始终处于变化之中,进行评论必须把握这种变化情况,做出科学、合理的评论。

（4）抽象和具体的统一。教育评论过程始终是对具体教育文化的评论,但不等于就事论事的解决问题式的"判案",而教育评论的真正目的在于从具体评论中抽象出一般道理,指导教育文化健康发展。

（5）主体与客体的统一。在教育评论过程中,教育评论主体与教育评论客体是相互作用、相互促进、共同发展的。

（6）理论与实践的统一。教育评论过程是用教育理论分析、评判教育文化的实践过程。只有在理论能够解释和指导实践,即理论与实践统一时,教育评论才能发挥作用。

四、教育评论过程的几个阶段

在教育评论过程中,教育评论作用于教育文化所产生的矛盾运动的直接结果是教育文化影响的扩大和价值的实现;作用于教育文化所产生的矛盾运动就是教育文化本身价值的信息反馈;作用于教育工作者所产生的矛盾运动就是社会对其教育行为的信息反馈(肯定与否定)。根据教育评论主体作用于教育评论客体的先后顺序,教育评论过程分为四个阶段。①

1. 调查研究

这是教育评论主体必须进行的首要工作,通过调查研究教育文化(现象),去发现一般人难以发现和尚未发现,甚至连教育文化主体也未察觉到的社会意义。

2. 选题

这是教育评论过程的关键环节,它从根本上制约着整个教育评论过程的方向和教育评论的质量。一般而言,选题至少要掌握以下几个方面的信息:① 有代表性的教育文化现象(典型性)。② 新教育文化在教育实践中的反馈信息(实效性)。③ 已有同类(相近)教育文化的情况(比较情况)。④ 教育文化主体的有关情况(背景情况)。

3. 写作

写作即教育评论主体对来自各个方面的信息进行加工、处理等主观强化作用之后,根据自己已确立的选题,对所评教育文化的感性认识和理性认识进行创作加工,撰写成教育评论文章。

4. 传播

这是教育评论产生社会性影响、发挥其独特的舆论作用的阶段。教育评论阵地的巩固和扩大是传播阶段成功的保证。至此,教育评论过程完成了一个循环,接下去则是下一个循环的开始。

五、教育评论过程的特征

教育评论过程是把教育评论作为一种活动,在展开的意义上探讨教育评论的具体目的、内容、方法和途径等问题,对教育评论实践具有直接的指导作用。教育评论过程的特征如下:

---

① 刘尧:《建立教育评论学学科体系初探》,《教育学》(中国人民大学),1995 年第 12 期。

1. 教育评论过程是实践性过程

所谓实践性过程包括两层含义:其一,必须以实践观点来审视教育评论过程;其二,在教育评论过程中必须遵循实践性原则。实践是人的本质和活动方式,是物质存在和意识的中介,也即人的实践活动把人的感性存在和精神活动具体地统一起来。教育评论过程本质是在实践基础上,依照合目的的教育价值观,对教育文化进行选择并弃恶扬善的统一过程。教育评论过程的两个要素——教育评论主体和教育评论客体在教育评论实践中相互作用,构成教育评论过程的内部矛盾运动。优良教育文化的形成,是教育评论主客体在教育评论过程中相互作用的结果。

2. 教育评论过程是主体性过程

主体性是指人作为社会实践的主体所具有的能动、自主和创造的内在特性,它体现在人的政治、经济、文化生活中,也体现在人对真、善、美等价值目标的不断追求中。教育评论过程的主体性包括两个方面,即教育评论主体的主体性和教育评论客体中人的主体性。教育评论过程的主体性,要求教育评论过程在总体运作上充分发挥教育评论主体的能动性、自主性和创造性。所谓能动性即不仅强调社会发展的整体需要,还要强调个体的内在需要,在具体的教育评论情境中激发教育评论主体的积极性。所谓自主性即遵守自律性,要求教育评论主体遵守教育评论的道德准则,开展教育评论工作。所谓创造性是指教育评论主体要敢于打破教育上的陈规陋习,具有变革、更新教育观念的勇气和能力。

3. 教育评论过程是系统性过程

与实践性和主体性相联系,教育评论过程具有系统性特征。众所周知,系统思维植根于唯物辩证法关于事物的普遍联系、事物的内部联系和外部联系就是系统内在因素之间的相互作用,以及系统与外部环境的相互作用的原理。对教育评论过程作结构分析就是一种系统思维,教育评论主体和教育评论客体的关系不仅是矛盾对立的,而且是相互作用、相互影响的。无论是教育评论主体

还是教育评论客体中的人,都要充分发挥主体性。教育评论的主
体性发挥应当体现在教育评论客体中人的主体性发挥的程度上。
教育评论过程理论不是泛泛地研究教育文化,而是要研究教育文
化与社会的相互作用。既要看到两者相一致的一面,又要看到两
者不一致的一面;既要看到社会对教育文化的影响,又要站在教育
文化内部和外部两个立足点上,提出更为复杂的教育文化发展关
系。在教育评论过程本质的探索上,要关注教育评论主体与教育
评论客体双向适应和改造的互动关系。

六、教育评论原则及其特性

原则是指事物发展的一般法则。教育评论原则是教育评论客
观规律在教育评论家主观上的反映,即教育评论原则的实质是客
观的,而形式是主观的。马克思主义认为,规律是客观存在的,以
客观规律为依据的原则,当然应该体现出规律性的东西。所以说,
教育评论原则不是教育评论家头脑中固有的东西,也不是主观创
造出来的,而是教育评论客观规律的反映。开展教育评论活动,必
须自觉探索并遵循教育评论原则。如果不探索并遵循教育评论原
则,不以此来规范教育评论行为,势必会使教育评论活动失去秩
序,难以形成客观、公正的评论环境,自然就失去了教育评论的意
义。任何一种有效的教育评论行为,都是自觉或不自觉地遵循教
育评论原则的结果。教育评论原则具有如下特性:

1. 主观性与客观性统一

教育评论原则的客观性表现为:一方面,原则的产生有其客观
必然性。这是因为规律是不以人们的意志为转移的,从而决定了
教育评论家总是要通过教育评论实践经验的积淀和升华,不断地
认识和把握教育评论规律,并进而表述为教育评论原则,以此来指
导教育评论实践。另一方面,教育评论原则的内容也有其客观性。
每项原则的内涵都是对教育评论规律不同层次的反映,都是对教

育评论实践经验某一方面的概括和总结。每项原则的提出都有一定的科学依据,都要切实可行。

教育评论原则的主观性表现为:教育评论家对教育评论规律的认识和对教育评论实践经验的总结,总是要受到各自立场、观点、思想方法、知识经验、认识水平的制约和影响,这就使得不同教育评论家提出的教育评论原则往往存在差异。可以通过学术争鸣逐步形成共识,减少教育评论原则的主观性因素,增强其客观规律性因素。所以说,教育评论原则从内容到探索过程都是主观性与客观性统一的过程。

2. **理论性与实践性统一**

教育评论原则的理论性在于:它是从教育评论实践中抽象和概括出来的、系统的理性认识,是指导教育评论实践的一般原理,它源于教育评论实践经验,又高于教育评论的实践经验,具体指导着教育评论实践,是教育评论实践的理论纲领。

教育评论原则的实践性表现为:一方面,教育评论原则的价值和功能取决于其对教育评论实践的导向、规范、选择作用。如果教育评论原则流于空谈,对教育评论实践不能起到指导作用,就失去其存在的价值。另一方面,教育评论原则的真理性也离不开教育评论实践的检验和对实践真知的吸收。所以说,教育评论原则是理论性与实践性的统一。

3. **稳定性与发展性统一**

教育评论原则具有相对稳定性,这是由教育评论规律的客观实在性、教育评论原则的行为规范性所决定的。教育评论原则始终是发展的,这是由教育评论本身的发展和教育评论家对教育评论认识的不断深化所决定的。人类认识发展的质量互变规律证明了教育评论原则的稳定性和发展性是并行不悖的。看不到这一点,把现有的教育评论原则视为教条,是极端错误的。我们说,教育评论原则既是稳定的,又是发展的,稳定是相对的,发展才是绝对的。

七、教育评论原则的作用

坚持教育评论原则是把握教育评论规律的重要保证。由于教育评论规律具有内隐性、复杂性和抽象性等特点，往往不易被教育评论家直接感知和把握，而教育评论原则正好在一定程度上把教育评论规律外显化、行为化和具体化，因此，掌握教育评论原则有助于认识和把握教育评论规律，并自觉地服从教育评论规律。教育评论原则有如下几方面作用：

1. 教育评论原则是实施教育评论的法则

就具体的某一教育评论活动的教育评论标准选择而言，必须将这项研究工作置于正确的教育评论原则指导之下。只有这样，才能使具体的教育评论标准选择更加合理、更加科学。教育评论标准的选择必须充分体现教育评论的导向性。可见，教育评论的导向性原则是指导具体教育评论标准选择的准绳之一。

2. 教育评论原则是实施教育评论的依据

教育评论过程是一个动态的活动过程，而且各大环节之间又都是紧密相连的。要想准确而及时地把握这个过程，就必须依靠选择性原则的指导作出科学的价值判断。但必须指出，这种指导不能简单地归纳为一对一的关系，一次教育评论活动往往接受多项评论原则的指导。比如：客观性原则、整体性原则、主体性原则等都是实施评论的依据。

3. 教育评论原则是选择教育评论方式的依据

教育评论方式五彩缤纷，不同的方式适合不同的场合和对象，这就有一个选择问题。所谓方式的选择就是要在正确的评论原则指导下，根据不同对象、不同时宜、不同场合选择切实可行的评论方式，以便使评论活动顺利进行并取得最优效益。

4. 教育评论原则是提高教育评论质量的依据

提高教育评论质量就是要提高教育评论效益。而教育评论原则作为教育评论活动的准则,对提高教育评论的质量起着定向调控作用。教育评论原则同时也是检验教育评论效益的尺度和准绳。

5. 教育评论原则是提高教育评论家素质的准则

教育评论家通过探索、掌握和运用教育评论原则,加深对教育评论的理性认识,明确自己的社会责任和应具备的素质,自觉提高自己的评论修养和水平。

八、教育评论的基本原则

教育评论活动只有在正确的教育评论原则指导下,才能克服教育评论家的主观随意性,使教育评论实践沿着正确的方向发展。教育评论各项基本原则是互相联系、互相作用、辩证统一的。在教育评论活动中,要灵活运用这些基本原则。[①]

1. 导向性原则

导向性原则是指教育评论应当体现教育的政治方向和学术方向,引导教育事业向健康的方向发展。这一原则的提出,是由教育的社会制约性和教育评论的导向功能所决定的。教育对人才的培养,教育进行的思想、文化、道德建设,总是要受到一定的社会政治、经济、文化的制约和影响。判断我国教育文化的价值必须坚持教育的社会主义方向,这是我国教育评论的灵魂和生命线。同时,教育评论标准是判断教育文化优劣的直接依据,对教育文化有导向作用。因此,客观上也要求教育评论必须坚持正确的导向。

贯彻导向性原则必须做到以下几点:首先,要求教育评论家树立正确的教育价值观。其次,教育评论标准必须符合国家的教育方针、政策、法规和教育的发展规律。再次,教育评论要有利于强化正确的教育方向,及时纠正错误的教育导向。

---

① 刘尧:《论教育评论原则》,《青海师专学报(哲学社会科学版)》,1998 年第 3 期。

2. 客观性原则

客观性原则是指教育评论必须遵循其客观规律,实事求是地客观反映教育评论客体的状态和特征,抓住本质特征和主要矛盾,准确地对教育评论客体作出合理的价值判断。客观性原则是教育评论的基础,这是由教育评论自身的性质决定的。客观性是教育评论的追求方向。

贯彻客观性原则,要求教育评论家必须采取客观的实事求是的科学态度,秉持认真负责的评论作风,一切从实际出发,深入调查研究,严谨分析推理,不以偏概全,不以点代面,不主观臆断,不感情用事,尽力使教育评论趋于客观公正;同时,要求具体的教育评论活动要有科学合理的评论标准和切合实际的评论方式。

3. 可行性原则

可行性原则是指教育评论要从实际出发,既要从客观存在着的教育文化所具有的现实条件出发,又要从人们认识教育文化所具备的现有条件出发。教育文化纷繁复杂、形式多样,既有层次上的区分,又有类别上的不同,还有自身所处环境条件的差异。教育评论要具体分析"此时、此地、此事",给出切实可行的评论。

贯彻可行性原则须做到以下几点:首先,教育评论家必须要在调查研究的基础上,选择符合实际的评论方式开展教育评论。其次,要把教育评论客体放在当时当地的社会环境中进行评论,这就是教育评论的语境问题和时宜问题。再次,要依据自己的实际能力,选择教育评论客体、教育评论视角、教育评论规模。一切无视自身能力的好高骛远、贪大求全的做法都是脱离实际和不可行的。

4. 选择性原则

选择性原则是指教育评论家对某种教育文化或某一部分教育文化的赞赏与褒扬、贬损与批评。教育评论对教育文化的选择往往使良好的利于人类发展的教育文化(或一部分教育文化)被尊崇、被强化、被传播、被宣扬,而另一部分对社会和人类发展不利的教育文化(或一部分教育文化)被压制、被排斥、被贬损、被消灭。①

贯彻选择性原则,要求教育评论家从多种视角准确地把握社会与教育以及教育与人自身发展的关系尺度,判断教育文化自身的价值,对教育文化作出符合社会和人自身发展规律的扬弃,从而实现对教育文化的净化和促进教育文化的健康发展。

5. 整体性原则

整体性原则是指教育评论内在的组成部分及其功能要完整而互补,教育评论与外在的环境要协调共存。教育评论作为一个有序的整体,不是孤立存在着的,总是与外界环境发生着多方面的联系,表现为教育评论客体必须同现实的教育存在相适应,教育评论的实施离不开社会的大环境,等等。

贯彻整体性原则,要求教育评论家在观察和处理问题时,必须从教育的整体去把握矛盾的各个方面,不能只看到教育的一个方面而不看其他方面,不能只见树木而不见森林。正如列宁所指出的那样:"罗列一般例子是毫不费力的,但这是没有任何意义的或者完全起相反的作用,因为在具体的历史情况下,一切事情都有它个别的情况。如果从事实的全部总和,从事实的联系去掌握事实,那么事实不仅是'胜于雄辩的东西',而且是证据确凿的东西。如果不是从全部总和,不是从联系中去掌握事实,而是片断地和随便地排出的,那么事实就只能是一种儿戏,或者甚至连儿戏都不如。"②

6. 主体性原则

主体性原则是指在教育评论过程的总体运作上,教育评论家充分发挥能动性、自主性、创造性和激励性。所谓能动性,即不仅强调社会的整体需要,还要强调个体的内在需要。所谓自主性,即

---

① 刘尧:《论教育评论的选择功能》,《攀枝花大学学报》,1997 年第 2 期。
② 《列宁全集》第 23 卷,人民出版社,1958 年,第 279 页。

遵守自律性,就是要遵守教育评论道德准则,开展教育评论工作。所谓创造性,是指要敢于打破教育上的陈规陋习,具有变革更新教育观念的勇气和能力。所谓激励性,是指激发教育评论客体自我完善、自我发展的行为动机。

第三章 教育评论的功能与方法

　　教育评论功能是指教育评论活动本身所具有的能引起教育文化变化的作用和能力。它通过教育评论活动与结果,作用于教育文化而体现出来。教育活动的理想状态是合目的与合规律的统一,在这种统一中合目的是灵魂,而目的的确立是以教育评论所判定的教育价值为基础和前提的。人类要使教育活动满足人和社会的需要,离不开教育评论功能的发挥。

一、教育评论的判断功能

　　教育评论的判断功能以人和社会的需要为尺度,对已有的教育文化作出价值判断,从而揭示教育与人和社会需要之间满足关系是否存在,以及在多大程度上存在。当某一教育现象已经存在时,它与人和社会实际上已经构成了价值关系,即已构成了满足或不满足关系,但这并不意味着人已经了解了这种价值关系。[①] 正是教育评论向人和社会揭示了这已经存在着的教育价值关系,从而使人和社会不断地摆脱盲目、被动,走向自觉、能动。

1. 教育评论的教育价值判断

　　在现实生活中,教育评论把一个中性的教育世界展现为一个具有利害之别的教育价值世界。任何教育评论都会作出判断,没有不作出判断的教育评论。教育价值判断是教育评论主体依据教育价值主体的需要,衡量教育价值客体是否满足以及在多大程度上满足教育价值主体需要的一种结果,在教育价值判断中包含着两大类信息:其一,关于教育价值客体本身的及其与其他相关参照客体之间关系的信息;其二,关于教育价值主体需要的信息。就是说,任何教育价值判断都包含着对教育评论客体的信息和教育价值主体的需要两个方面,而且这两个方面是有机统一的,任何一个方面都是这个有机整体中的一部分。教育评论判断功能的发挥,

---

① 　冯平:《评价论》,东方出版社,1995 年,第 2 - 3 页。

取决于对教育价值客体和教育价值主体信息的把握。

2. 教育评论的判断要求

教育评论主体要依照一定的教育评论标准,通过对教育价值主体、教育价值客体与参照客体的信息进行分析,从而揭示教育价值客体与教育价值主体形成的价值关系。教育价值的存在分为深层与表层两种方式,其表层表现为教育价值客体作用于教育价值主体后产生的一种客观效应。仅仅把握了表层还不能说已把握了教育价值。教育价值深层本质的存在方式是教育价值主体与教育价值客体之间的一种特定关系。只有把握了这种特定关系才算真正把握了教育价值,实现了教育评论的判断功能。教育价值主体与教育价值客体之间的这种特定关系,就是教育价值主体的需要与教育价值客体属性之间构成的需求与满足需求,或者在多大程度上满足需求的关系。在绝对意义上,教育评论是判断教育价值客体对教育价值主体有无满足关系的认识活动;而在相对意义上,教育评论是判断这一满足关系大小的认识活动。

二、教育评论的预测功能

教育评论的预测功能是以人和社会的需要为尺度,对将形成的教育文化作出价值判断。这是具有超前性的教育价值判断。这种教育价值判断的特点在于,它是在思维中建构未来的教育文化,并对教育文化与人和社会的需要的关系作出超前判断,从而预测未来教育文化的价值。这一未来教育文化,有可能是现有教育文化所必然导致的教育文化,也可能是现有教育文化可能导致的教育文化中的一部分,还可能是新创造的教育文化。这时的教育评论是对这些未来教育文化与未来人和社会需要的满足关系的预测,或者说是对一种可能的教育价值关系的预测。人类通过这种预测确定自己的教育实践目标,确定教育的哪些行为应当争取,哪些行为应当避免。①

1. 不同学科的预测功能

教育评论的预测功能与教育战略学和教育未来学的预测功能是有区别的:后者着重于教育的事实预测,即回答教育的未来"是什么样子"或"不是什么样子";而教育评论的预测功能则着重于教育的价值预测,即回答教育的发展"应该是什么样子"或"不应该是什么样子"。它所要揭示的是未来教育价值主体的需要与教育价值客体的性质、功能之间的关系。教育的事实预测所要揭示的是未来教育价值客体本身的性质和特点。这两者是不能等同的。教育价值预测对应的是未来教育价值主体与教育客体之间的一种教育价值关系,即未来教育价值客体与教育价值主体需要之间的关系,教育价值客体是否满足教育价值主体需要的关系。而事实预测所对应的是未来教育价值客体各要素之间与教育价值客体之间的关系。用传统认识论的语言来说,即它们的对象是不同的。同一教育价值客体对于不同的教育价值主体可能有许多种教育价值关系,同一教育价值客体对同一教育价值主体也会有许多种教育价值关系。价值预测与事实预测的根本区别在于,在价值预测中多了一种对价值预测而言是决定其质的因素,即人和社会的需要。

2. 教育评论的预测要求

然而,人和社会的需要是复杂的。这就对教育评论主体提出了更高的要求。首先,教育评论主体作为教育文化主体与受体的中介,必须从宏观、中观和微观上把握教育文化的发展走向和价值趋向,并对教育文化及其主体和受体有深层次把握。其次,教育评论活动虽然也是一种教育科研活动,但它是对所评教育文化价值的判断和表达,可能是教育文化主体都没有意识到的深刻底蕴,进而对教育文化的接受者进行有目的的引导。这就要求教育评论主体必须具有更广阔的学术视野、更深厚的理论功底和文化修养,以

---

① 冯平:《评价论》,东方出版社,1995年,第3-4页。

及较高的教育学术鉴赏力,这样才能使教育评论预测教育文化的前进方向,挖掘深藏的教育文化底蕴,指导广大教育文化接受者。再次,教育评论主体要有历史的和发展的教育评论观,从过去、现在教育价值主体与教育价值客体的关系出发,研究未来教育价值主体的需要和教育价值客体可能具有的性质和特点,对未来教育价值主体与教育价值客体的关系作出预测。

三、教育评论的选择功能

教育评论的选择功能是以人和社会的需要为尺度,将同样都具有价值的教育文化进行比较,从而确定其中哪一种更有价值、更值得争取,是对教育价值序列的判断,也可称为对教育价值程度的判断。人类在教育生活中,常常会面临鱼和熊掌不可兼得或两害相权的情势,必须有所取、有所舍,或者说,有所舍而后才能有所取。在这种必须作出选择的情势中,通过教育评论能够将取与舍在人和社会需要的基础上统一起来。尽管从现象上看,舍是一种失去,但在不舍便不能取的意义上说,舍也是一种取。获得如此认识,人便有可能自觉理智地倾向于被选择的教育文化,使教育实践活动更加顺利并合目的。①

1. 教育评论是一把筛子

在教育发展过程中,教育评论占有十分重要的地位。教育评论对教育文化的选择往往使一种良好的有利于人类发展的教育文化(或一部分教育文化)被尊崇、被强化、被宣扬、被传播,而使另一种对社会和人类发展不利的教育文化(或一部分教育文化)被压制、被排斥、被贬损、被消灭。② 教育评论是一把筛子,能对教育文化进行合目的的选择。教育评论过程首先是一种教育文化传播与

---

① 冯平:《评价论》,东方出版社,1995 年,第 4 页。
② 刘尧:《论教育评论的选择功能》,《攀枝花大学学报》,1997 年第 2 期。

再生产的过程。这一过程是教育评论客体中的人在教育评论主体作用下,不断重组和构建自己新教育观念的过程。另外,教育评论在完成其传播优良教育文化的同时,作为一种教育价值导向性工作,还能够从多方面对人和社会的教育文化选择发挥重大而深刻的影响。这种选择功能的真正实现,将能大大加速教育文化的健康发展。

2. 教育评论能增强人对教育文化的选择和鉴别能力

教育文化的选择有较强的主体性特点,它离不开人的主体作用的发挥。人作为教育文化选择的主体,在社会认可的范围之内,可以根据自己的意志对教育文化作出多种不同的选择。而主体对教育文化的选择,与其所具备的教育文化选择和鉴别能力有密切关系。如果主体具有较强的教育文化选择能力,则能较为正确地吸收和挑选教育文化的精髓,剔除其糟粕。相反,如果主体不具备较为成熟的教育文化选择能力,那么其所作的选择就很可能良莠不分。作为主体的一般人,对教育文化的选择能力是与教育评论密切关联的。通过教育评论文章的广泛传播,可以赋予人们对教育秉持丰富多彩的合理的价值判断与态度,增强人们对教育文化的识别能力。实际上就意味着可以使人的教育文化选择与鉴别能力得以提高和完善,在对多种教育文化进行选择时,能够遵循客观规律,优化选择的过程。

3. 教育评论能扩大人对教育文化选择的对象范围

教育文化选择范围的扩展和选择对象的多样化,是教育文化不断进步与发展的重要条件之一。教育文化领域如果没有广阔的选择空间,一切比较和鉴别也都无法进行,当然也就谈不上对教育进行评论。教育文化选择的对象范围越是广大,处于教育文化选择范围的元素越是多样化,以备选择的教育文化范式就越多,人对教育文化的选择就越有可能趋于优化。面对广阔的教育文化选择范围和多种不同的选择对象,人可以具有较大的选择自由度,可以从不同角度、不同方面对多种不同的教育文化的价值进行判断、评价和衡量,并在此基础上作出合理的取舍,其结果将能够大大加快教育事业的发展。

四、教育评论的导向功能

教育评论导向功能是通过对教育价值的判断、预测、选择的评论,对教育实践活动进行调控,实现有价值的,避免无价值的,从而引导人的教育行为更合目的。教育评论最为重要的、处于核心地位的功能是导向功能。从层次上看,判断、预测和选择功能都是隶属于这一功能的。如何正确发挥教育评论的导向功能、促进教育事业的发展、规范教育行政管理行为,进而创造一个繁荣的教育文化环境,是我国教育所面临的具有理论价值和深远社会意义的重大课题。[①] 这里就如何发挥教育评论的导向功能,从显性导向与隐性导向、理论导向与实践导向、正值导向与负值导向、政治导向与教育导向、刚性导向与柔性导向、评者导向与编者导向诸方面进行论述。[②]

1. 显性导向与隐性导向

显性导向是由国家政府部门的文件及领导人的讲话、各报刊的社论和评论员文章、著名学者的言论等所造成的具有明显导向的现象。隐性导向是教育评论界的评论以及大众教育评论所形成的,不甚被人觉察的、比较深层的导向。隐性导向往往被人忽视,其实教育评论的意义和功能都在这种隐性导向上。隐性导向的分析是比较难的,有一个语境问题,即"时宜"问题。就是说开展教育评论不可能脱离具体的社会环境和当时的社会条件,一定要考虑时宜性。邓小平同志曾在一次谈话中说:"不久前,《新华日报》写了一篇专论,讲的是剿匪中的情况,内容主要是批评。正确不正

---

① 刘尧:《教育评论学:世纪之交的教育新课题》,《教育时报》,1996 年 4 月 3 日。
② 刘尧:《论教育评论的导向功能》,《吉林教育科学(高教研究)》,1997 年第 2 期。

确？也正确。合不合时宜？不合时宜。正确与否要考虑到时间、地点、条件等因素来判断。在剿匪已经有了成绩，部队又很艰苦、很努力的情况下，主要去批评就不合时宜了，放在一个月前则刚合时宜。"① 这里揭示了报纸评论的时宜性。这一点对教育评论也同样重要。所以说不能单纯地看正误，应该联系周围的条件来研究，联系语境来分析，以此为出发点研究教育评论的导向就比较深入了。

2. 理论导向与实践导向

教育评论的导向实质上是对教育文化发展和传播的指导和引导。教育文化有理论状态和实践状态，相应的教育评论就有对教育文化的理论导向和实践导向。理论导向就在于通过评论理论状态的教育文化，促使教育理论在科学和价值的双重料理下达到尽善尽美。实践导向就是通过评论现实状态的教育文化，促使教育现实在教育理论指导下，实现培养中国现代及未来社会发展所需要的人才之目的。教育评论的导向理应从理论与实践两个方面入手：一方面，对教育理论来说，教育评论起引导出什么样的成果的作用，这当中包括理论工作者选什么题、如何研究、理论刊物选什么文章发表诸问题。在这些方面，理论导向能够发挥自己独特的作用。另一方面，对于教育实践来说，教育评论起引导或指导教育工作者吸收正确的教育文化、扬弃落后的教育文化的作用。实践导向就是要把优良的教育文化推荐给教育工作者，同时帮助教育工作者掌握辨别良莠教育文化的标准和限制不良教育文化的方法。上述两方面中，实践导向尤其重要，这也是教育评论立足的基点。然而两方面又是相关的，理论导向更多的是通过对教育实践的导向来实现的。

3. 正值导向与负值导向

正值导向与负值导向指教育评论对教育文化建设产生的增值

---

① 《邓小平文选(1938—1965)》，人民出版社，1989年，第146-147页。

或减值效应。它包含的内容是极其复杂的,这里仅从教育评论的政治因素上说明。尽管当前伴随着办学形式的多元化,出现了一种弱化教育的政治性、仅强调教育的工具性的趋势,但笔者认为,何时何地教育作为国家政权的附属部分,其政治性是不可能被扼杀的。埃及的新教育政策认为,教育是国家安全事业。① 因此,教育评论也是党和政府的舆论工具,是发展社会主义教育事业的重要组成部分。列宁说:"没有抽象的真理,真理总是具体的。"②教育评论是在一定社会条件下,运用真理标准、以文字或其他手段对教育文化所进行的评论。我国是社会主义国家,我们的标准就是马克思主义、毛泽东思想和党的教育方针,这是我国的国情。如果用西方的哲学观和教育价值观来评论我国的教育,那就必将出现负值导向。

4. 政治导向与教育导向

政治导向指在教育评论中对教育文化的政治方向作出恰如其分的评价,其标准是"培养社会主义事业的建设者"。教育导向主要是指教育评论倡导培育人才,推荐介绍新的教育科学成果,选择和传承人类优良的科学文化知识,等等。就政治导向来说,我国大环境是比较有利的。改革开放以来,人们越来越认识到教育培养的人不仅要有文化科学知识,更要具有较高的政治、思想、道德素质,成为有中国特色的社会主义建设人才。教育导向较为复杂,这里涉及诸如何看待西方的资本主义教育文化,如何对待中国传统教育文化,如何处理学术问题与政治、思想、道德诸问题的关系,如何正确地贯彻"双百方针"等问题。它还涉及教育评论家的学术功底、教育文化素养、知识和经验积累等问题。另外,政治导向与教育导向是不能截然分开的,政治导向保证教育导向的正确走向,教育导向使政治导向更具体、更充实。教育评论要将政治导向寓

---

① 邰云雁:《埃及教育及其改革》,《中国教育报》,1996 年 4 月 29 日。
② 列宁:《立宪民主党人的胜利和工人政党的任务》,《列宁全集(第 2 版)》第 12 卷,人民出版社,1984 年,第 273 页。

于教育导向之中,单纯的政治说教并不能有效地引导人们的教育行为。

5. 刚性导向与柔性导向

刚性导向指国家政策法规性导向,一旦公布便没有商议的余地。但仅靠刚性导向远不能解决所有的问题,还要大力提倡一种柔性导向——就是要在我们的报刊上发表更多的教育评论文章,从学术研究的角度形成一种对教育文化加以引导、疏通和监督的科学导向。实际上,刚性导向与柔性导向是相得益彰的关系。刚性导向是在柔性导向的基础上形成的,柔性导向又是在刚性导向的规范下展开的。

6. 评者导向与编者导向

教育评论要真正发挥作用,教育评论观点就必须得到传播,要传播教育评论观点就必须通过报刊、电台、电视台、网络等媒体公开发表教育评论文章。评论者的观点要通过评论文章传播,就在于评者与媒体编者观点是否相抵触。这就涉及编者导向与评者导向问题。从某种意义上说,编者和评者都是教育文化的鉴赏者和评论者,两者观点的抵触必然导致评者观点的传播受阻。编者导向是通过编发教育评论文章体现出来的,而评者导向往往要通过编者导向的料理后方可体现出来。编者导向如同一把筛子对评者导向进行筛选,除掉那些与编者导向直接抵触的东西。从理论上讲,编者导向与评者导向应该是一致的;而在实践中,由于认识水平、看问题的视角等方面的差异,往往出现两者的偏差。存在这种偏差是正常的,只要不构成抵触,编者与评者就应以"求大同、存小异"的态度坦诚相见,携手推动教育评论事业向前发展。

五、教育评论方法的哲学思考

从哲学层面来看,教育评论方法就是,坚持把教育文化放在特定的社会历史背景和环境中,从社会历史的各种因素和环节的复杂有机联系中进行综合分析和考察。

1. 教育评论方法的特征

教育评论方法首要的、最突出的特征是:它决不孤立地就教育文化谈教育文化,而是把教育文化置于产生它的那个特定的社会历史背景中去进行考察、分析和研究。教育评论方法的另一个更重要的特征是:它并不是像通常那样把社会历史状况作为背景或衬托来考察,而是坚持把教育文化与特定社会历史阶段的经济、政治、道德、宗教、科技发展水平,乃至于民族传统与心理素质、民族和国家所处的地理位置、气候条件等复杂的、多元的因素有机地联系起来,在它们错综复杂的交织中,进行深入分析和具体阐明。①

2. 教育评论方法的本质

教育评论方法的本质应体现为对教育文化的理解。"方法"一词起源于希腊词 Ηειαδοs,被解释为"沿着道路"的意思,而后的哲学家,如亚里士多德、培根、笛卡儿,特别是黑格尔,又强化了方法的手段功能。黑格尔在《逻辑学》中提出:"手段是一个比外在合目的性的有限目的更高的东西。"这样的一种对方法的理解,起码为以后发生的各种方法论崇拜现象提供了某种理论上的依据。但是,人们发现可操作的现成的教育评论方法是显而易见的,而作为"终点"的对教育文化的理解则是深层的,也是不易被人们注意的。这一问题,在古希腊词 Ηειαδοs 中将"方法"解释为一目了然的"道路"时,就已经留下隐患。当人们说"条条道路通罗马"时,被注意的是"道路"本身,而"罗马"则作为一个既定的、唯一的事实不再被人们追问——"罗马"就是罗马,"罗马"还能有什么不同的可能性呢?

3. 教育评论方法的作用

实际上,教育评论正是在否定对教育文化的大一统式的理解

---

① 刘尧:《教育评论方法及其他》,《青岛科技大学学报(社会科学版)》,2001 年第3 期。

的基础上诞生的。"罗马"作为一种终极价值的指代,从古代到今天,经历了一个从一元性理解到可供进行多元理解的转换过程。在过去,"罗马"确实代表着绝对真理,而在今天,"罗马"已经成为一个虚设的概念。一种教育评论肯定会存在明显的不足,这种不足本质上是来源于教育评论对教育文化理解的一隅性;也正因为有这种不足和这种一隅性,才为另外的教育评论的发展提供了条件。严格说来,教育评论是由多种教育评论构成的"世界",不同的教育评论在相互补短中显示着自己的存在,而且也只能因为自身在对教育文化理解方面的局限才能显示自己的存在。这说明,教育评论学研究的真正意义其实并不在于建立一种大家都能认可的教育评论,而在于建立一些可供大家选择的教育评论"世界"。

4. 教育评论方法的意义

应该注意的是,由于教育文化本体总是大于具体的教育评论方法,某种对教育文化的理解的影响及辐射面总会超越教育评论方法本身,渗透到与教育文化本体相关的教育活动领域,形成教育评论方法与教育文化本体的某种特殊关系。这种关系普遍表现为:一种教育评论方法的诞生,总是由于教育文化本体的特定需求所致;一种教育评论方法的意义和效用,也总是要在实践中因为成功地把握住教育文化某些需要被挖掘的内容而成为可能。

六、教育评论观辨析

"我所评论的就是我",这是教育评论应持的一种评论观。它鲜明的对自我价值的肯定,必将得到教育评论家的认同。对这一评论观的认识论理解与本体论理解,即如何理解这个"自我价值"以及这个"自我价值"如何才能成为可能有所忽略,从而造成对教育评论中"我"的模糊和含混性理解。

1. "我所评论的就是我"中"我"的迷失

在"我所评论的就是我"的教育评论观下,"我"的感受和欲望、

"我"的个性和风格、"我"的思路和方法,乃至"我"的哲学观和教育观,统统被纳入一个笼统的"自我"而不再被追究。结果我们发现,个人感受和欲望、个性和风格似乎很好唤醒,也很容易得以表现,但个人的思路、方法,乃至哲学观和教育观的建立却似乎很困难。而"我所评论的就是我"中的"我",如果只被充塞一种个人的感受、欲望、个性这些内容,将个人对教育文化的独特理解遗漏,对教育评论来说其意义实现的程度恐怕是很有限的。也可以说,当"我"自己还没有理解教育文化,还只能认同非我思想的时候,真正的"我"还没能诞生,"我"是不能说"我所评论的就是我"的。所谓"本体论"意义的"自我",不仅是指"我"拥有自己的感受、欲望、个性与风格,更重要的是指"我"对教育文化的理解和体验。

2. "教育评论是一种对话"中的"我"

某种程度上,"教育评论是一种对话"已接近了本体论意义上的"我"。它的哲学背景无疑是西方现代人本主义哲学,一种以真正的个体为基本单位的价值观。当每个人都是某种程度上的"个体",相互之间以否定关系面对世界的时候,对话与理解就成为个体之间重要的存在形式,成为人与人之间的一种当代性关系。不能否认,西方文化经过近代文化对"个人、个性"的强调,发展到今天,已经形成了一种追求自己的世界观、价值观和生存方式的社会思潮,并在一定程度上成为当代社会的现实。因此,"对话"作为一种哲学,与西方深刻的文化背景和人文现实是分不开的,属于"西方话语"的组成部分。但中国的情况则有所不同。由于中国目前还处于为建立真正的个体而努力的时期,还没有达到可以侈谈"对话"与"理解"的阶段。人云亦云、追随社会思潮的飘浮还基本上是当代中国的人文景观。

3. "教育评论是一种对话"在中国

在人类教育中,中国还没有产生自己的教育观,在教育著述里,教育家本身对教育的理解还依然贫乏……这一切,都制约着中国拿不出自己的东西与西方对话,每个人也缺乏自己的东西与他人对话。不能以为,一个人有了自己的感受,就可以侈用"对话"权;也不能以为,两个个性风格迥异的人可以展开真正的"对话"。如果"对话"可以退而求其次地做无边的解释,那么中国传统人文景观中早就存在着普遍的、求大同而存小异的"对话关系"了,而文人之间、朋友之间的相互倾诉、相互慰藉也就有了"对话"和"理解"的嫌疑了。这种以儒家哲学为背景的"对话",显然是对真正对话哲学的庸俗化理解,是借西方人之名行中国人之实。可以说,西方意义上的对话关系或许会成为我们的一种教育评论理想,但并不能说现在我们已经可以展开真正的教育评论对话。

4."对话"是"个体"之间的一种存在形式

今天的中国,教育评论需要的只能是依据"未诞生的个体"去评论"已成为现实的群体",包括已成为既定现实的西方各种教育观念,并在这种教育评论中将"个体"逐渐逼现出来。这样的教育评论观只能体现在为个人成为个体而努力的某种途径中。但有必要强调的一点是:即使"个体"在中国有一天成为现实,它在中国的存在形式也不一定就是西方意义上的"对话"。如果"对话"只能是"个体"之间的一种存在形式,就不能否认"个体"的存在或许还会有其他形式。退一步说,即使"对话"是个体之间存在的唯一形式,也应该意识到"对话"只是教育评论的模式,而不是教育评论的本质。换句话说,对话型教育评论不可能改变评论者与被评论者之间的对立关系和否定关系,毋宁说,对话关系是否定关系得以确立的一种结果。

七、关于教育评论学构建的拷问

教育评论在进行价值判断时,所操持的理论和概念话语本身的确体现了教育评论具有科学性。如果教育评论家依据的是既定的观念和尺度,而对教育文化缺乏创造性的体验与感受,那么其评论的科学性就是可疑的。

1. 不能没有"我"对教育文化的体验和理解

倘若在科学性之上有一个"我"对教育文化的体验和理解穿越教育评论过程，使之生发出意义的光泽，那么就可以说，教育评论是使教育文化被激活的"根基"，是教育文化得以发展更新的精神杠杆和原动力。因此，教育评论的定位应在使教育文化得以敞亮、得以生成意义的"源头"之上，而科学只不过是教育评论过程中，必须穿越的领域或必须借助的材料。

就"我"而言，我国现阶段教育文化处于怎样的状况，存在着什么根本问题，以及由此需要怎样的教育评论，是研究中国特色教育评论学的最重要的现实前提。加强教育评论的实践性和功效性考虑，是使教育评论学建设具有中国特色的渠道之一。用各种西方的教育评论方法来丰富我们把握教育文化的方式是需要的，但更重要的应是针对我国教育评论鲜能贡献出对教育的独特理解，也很难产生一流教育文化的现状（笔者称之为"富饶中的贫困"现象），建立一种新的价值论评论，或许是我们的当务之急。

2. 建立新的价值论教育评论学

这种新的价值论评论是根据"一项具体的教育文化应该是一个独特的教育世界"为评论尺度，分析一项教育文化在形式和内容等方面实现这种"独特"所达到的程度，并将这种"独特"上升到教育文化本体论的高度，予以"对教育文化的一种体验和理解"这一较高的界定。因此，这种新价值论评论不是依据一定现成的尺度去抹杀教育家的个别性，而是要求这种"个别性"超越个性、风格、题材、内容的"差异"的层次，达到"世界观"的个别性的层面，才算完成了教育文化的使命，也进而才算完成了教育评论的使命。或者说，教育评论是依据每个教育家在对教育文化的体验和理解方面可能达到的较高境界，依据由这种境界所体现出来的教育家的价值世界，来分析教育家在对其努力的过程中暴露出来的各种问题和不足。

这样，教育评论家所依据的尺度只能是每个教育家尚未实现或尚未符号化的特殊价值——对大部分教育家来说,这种特殊价值是一种可以展望却难以企及的理想。由于这种"尺度"很可能是一种尚未诞生的价值,所以我们称这种"价值"为"新价值";而从事这种新价值论评论的理论,就是我们要研究的教育评论学。

八、教育评论与教育评价的区别

教育评论学的提出和系统研究,让教育理论界内外的许多学者感到困惑不解。诸如"有了教育评价学,还有必要搞教育评论学吗?"这样的疑问,成为人们认识、研究和发展教育评论学的障碍,不利于教育评论学研究和教育评论活动的大力开展。虽然教育评价(学)与教育评论(学)仅一字之差,但他们有着根本的区别。[①]教育评价(学)是以教育为对象,研究各类教育目标与相应的教育现象之间的关系,并给予一定的价值判断的学科;而教育评论(学)是研究教育评论现象和教育评论活动规律的科学。它们之间的区别至少有如下四个方面:

1. 学科基础和体系不同

从学科基础看,教育评价学是建立在教育测量学和教育统计学基础上的教育科学的分支学科;而教育评论学则是建立在价值论和教育哲学基础上的教育科学的分支学科。从学科体系看,教育评价学的学科体系由教育评价的基本概念、教育评价的基本理论、教育评价的指标体系、教育评价的程序、教育评价的方法、教育评价的组织与制度、教育评价心理与调控、教育评价的评价等构成[②],是教育管理的一个分支学科;而教育评论学的学科体系则是由教育评论学总论、教育评论本体论、教育评论原理论、教育评论

---

① 刘尧:《教育评论与教育评价的区别》,《青岛科技大学学报(社会科学版)》,2002 年第 1 期。

② 刘尧:《关于教育评价学理论体系的思考》,《北京理工大学学报(社会科学版)》,2000 年第 3 期。

实践论、教育评论规范论等构成,是教育科学的一个领域,是一门独立的综合性教育学科。①

2. 研究对象、范围和结果不同

从研究对象上看,教育评价的对象是具体可控的实体;而教育评论的对象主要是抽象的、不可控的精神客体。从研究范围看,教育评价是教育管理的组成部分,或者说它是教育管理的重要手段和工具;而教育评论则是教育科学的一个领域,面对的是一切教育和教育的一切。从研究结果看,教育评价结果多用于改进教育工作;而教育评论结果多用于转变教育观念。当然从静态来说,它们有交叉甚至重合的范围,但其切入点和目标是不同的。这并不是说教育评价与教育评论一点关系都没有,相反它们的关系有多种表现。比如:教育评价的结果可以成为教育评论的论据影响教育评论;而教育评论的结果可以作为教育思想观念影响教育评价所依据的教育价值观。

3. 活动目的、主体、组织和过程不同

从活动的目的和主体看,教育评价是为教育管理服务的管理活动,应管理之需求而评价,评价主体一般是管理者或受管理者委托的人员;而教育评论则是一种观念活动,应观念和精神之需求而评论,评论主体一般是(自由的)教育评论家。从活动的组织实施看,教育评价是由评价机构按严密的程序组织实施的群体活动;而教育评论则是由教育评论家实施的个体活动。从活动过程看,教育评价过程是程序化的、标准化的;而教育评论过程则是灵活的、多样的,因情境而变化的。

4. 评判标准、目标和方法不同

从评判的标准看,教育评价有界定明晰的指标体系和精确严格的量化方法;而教育评论则无需也无法获得明确的评论标准即指标体系,更无需也无法进行量化。从目标定位上看,教育评价有

---

① 刘尧:《教育评论学》,中国文联出版社,2000年,第7-23页。

明确的教育目标——教育评价目标;而教育评论则无需将教育目标化为教育评论目标。从价值判断看,教育评价侧重于客观性的事实判断,评价结论要求一致性,强调普遍性;而教育评论则侧重于主观性的价值判断,对同一评论对象不同评论家可持不同的标准得出完全相异的结论,教育评论强调情境性。

第四章 教育评论标准的确立与运用

教育评论标准是人们的教育观念、道德和审美理想在教育评论中的具体表现,是人们在教育实践中形成的对教育文化的规范要求,是从教育评论家的全部教育素养、整体道德和审美心理结构中凝聚起来的价值标准。研究教育评论的标准问题,主要是从教育学、伦理学和美学角度对教育文化进行专门审视,关注的是对教育文化优劣性质的理性评判和实践改善。教育文化的优劣评判与使用什么评论标准是相关的。只有运用先进的科学的教育评论标准,才能正确认识和把握教育文化的优劣性质。没有对教育评论标准的探讨,就无法科学地评论教育文化的价值,也难以有效地开展教育评论实践。因此,必须对教育评论标准进行理论探讨。

一、教育评论标准是存在的

教育评论是否真应有标准这一问题,囿于部分教育评论对教育文化的谄媚或粗暴态度而一次次遭到人们的怀疑。人们对教育文化之间的某种共同的特征与条件不再予以过多的关注,从而转向对该教育文化何以成为该教育文化的兴趣。教育评论标准是存在的,但其适用的时空间毕竟是有限的。标准之于教育文化不再是一种必然,而是一种或然。

1. 教育评论标准存在于"判断"中

迄今为止,人们只见过有判断的教育评论,而未见过无判断的教育评论。承认教育评论所具有的判断意义,就不得不承认教育评论标准的存在。标准在教育评论中无处不在这一实际,似乎对在标准上的误解做了这样的申辩:就其总体上来说,标准是相对的、开放的、不断被调节的,但标准的存在总是依赖于教育评论家在相对的阶段对标准的把握。教育评论家意识到自己先验的教育评论标准的不确定性和可调节性,并不妨碍教育评论家在一定阶段对标准拥有的信念。最大的理由莫过于教育文化自身的变革也是呈阶段性的。

2. 教育评论标准存在于"关系"中

严格说来,拥有标准是教育评论家拥有自己的教育文化的体现。教育中人与人的关系很大程度上就是一种"标准"的关系。赞赏或否定一个人,是赞赏或否定由那个人体现出来的符合与不符合人的需要的价值,这是标准的社会性。而每个人对他人来讲就是一种标准,每个人自身就是评价他人的标准,这是标准的个体性。同样,我们每个人意识到应该不断地自我否定,这并不妨碍我们在一段时期内对自我的确立,甚至可以说,没有阶段意义上的自我确立,也就谈不上宏观意义上的自我否定。没有标准的确立也就没有标准的否定,对标准的否定是标准存在过久的必然。而对标准的否定看似是对标准的取消,实际上是调整和确立新的标准而已。

3. 教育评论标准存在于"需要"中

教育评论标准是教育评论活动的一个逻辑前提,教育评论主体对教育价值客体意义的判定就是依教育评论标准而作出的。教育评论标准是教育评论参照系统的核心。教育价值主体的需要是教育评论标准的基础。在教育评论活动中,教育评论主体所理解的教育价值主体的需要以教育评论标准的形式起着衡量教育价值客体意义的作用。教育评论活动中最深刻的差异就是由教育评论标准的差异所引起的。

二、教育评论标准的确立

教育评论标准通常有两种:先验的标准和具体的标准,这表明教育评论标准内部的一种极大的相对关系。一般来说,先验的标准是一种教育评论经验,而具体的标准则是由具体的教育文化决定的。[1]

----

[1] 刘尧:《论教育评论标准的确立及运用》,《教育与现代化》,2000 年第 4 期。

1. 先验的标准

先验的标准是一种教育评论经验,标志着教育评论实践的一种积累——它更接近于一种教育价值感的积累。通常情况下,教育评论实践越丰富的教育评论家,教育评论经验也越丰富,教育评论标准越能形成结构并富有一定的伸缩性。反之,教育评论实践越是单一和贫乏的教育评论家,其教育评论经验也越薄弱,理念、道德及其他观念成分所占的比重也就越大。教育评论标准之所以"程式化"并被人们斥之为"八股",正是后者的缘故。

先验的标准不宜"程式化"。教育评论先验的标准越是"程式化",其教育价值判断的可信度便越薄弱,教育评论落入"程式化"的可能性就越大。因为教育评论经验本身就已经是对教育文化和教育评论实践的一种归纳和积累,再将这种经验上升到程式的层次予以表述,就会形成经验的封闭性与自足性。经验积累和形成的奥妙不在于教育评论家匆匆将刚刚获得的些微经验上升到程式的层次,而在于将经验之河引入每位教育评论家的教育评论之心的海洋,形成教育评论家博大精深的教育评论思想之脉搏。其脉搏的每一次搏动,都是教育评论家对不断涌入的教育评论经验之容纳、消化与吸收。

2. 具体的标准

具体的标准是在教育评论家的实践中产生的,由其所处教育文化的教育价值决定并由教育评论家发现,是只能评判该教育文化的标准。具体的教育评论标准只能由该教育文化所围限——事实也很明显,一个并非复制的教育文化相对于另一个教育文化来说本身就是一种标准。如果说先验的教育评论标准更多着眼于教育评论家对教育文化的总的认识和要求,或一定圈子的教育评论家不约而同的教育价值追求,那么,具体的教育评论标准却是考察该教育文化何以能成为该教育文化的一种标准。具体的教育评论标准不同于先验的标准,就在于它只能在评论之时产生。

3. 先验的标准与具体的标准的关系

严格说来,具体的教育评论标准受制于先验的教育评论标准。教育评论家的教育评论经验越贫乏与规范化,发现该教育文化具体标准的能力也就越差。更多的时候,这种评论往往不是去发现该教育文化超于自己教育评论经验之外的价值,而是在该教育文化中寻找能验证或违反自己教育评论经验与程式的材料并予以肯定或否定。一般说来,教育评论家的教育评论经验越丰厚,其教育价值判断力和发现力也就越强——表现为教育评论家有能力发现该教育文化不同于其他教育文化的价值和非价值所在。严格说来,教育评论家对某一教育文化的褒贬只能在有了这种独特的发现以后进行,并且调动起自己的教育评论经验和思想中适于评判该教育文化的独特面。

三、教育评论标准的运用

与教育评论标准确立相关的便是教育评论标准的运用问题。任何确立了的教育评论标准可归纳为两类:一是社会规范的,二是教育科学自身的。严格说来,教育评论应将教育评论家都界定在社会的范畴内进行。教育的价值有时候是将其离开社会考察,确立教育的非社会性(即人本性)、非功利性,但有的时候教育的价值却又在与社会发生关系时考察,确立其社会性和功利性。教育界和教育评论界竭尽全力对教育评论标准进行界定往往是徒劳无益的,因为教育价值的真正状态只能在功利与非功利之间徘徊。"真善美"之所以被确立为一个笼统的、先验的教育评论标准,就是因为人们实在无法将其截然分开的缘故。

1. 对一种教育文化的肯定与否定

任何一种教育文化都有值得肯定或应该否定的一面。看一种教育文化是否应该否定,主要看该教育文化的否定面是否达到了引起我们不舒服和不满意的程度。教育评论经验越是丰富的教育评论家,其容纳性越大,对教育文化的承受力也就越大。这表现在:一方面教育评论家可以发现不同教育文化的不同价值;另一方面也可以发现不同教育文化更多的不足之处和雷同之处,并且能让教育评论家满意和激动的时候越来越少。教育文化的肯定面很大程度上由教育文化的具体价值所决定,但却受制于教育评论家教育评论经验——教育评论家先验的标准的差异性,构成了教育评论家对同一教育文化的不同的肯定面的把握。而教育文化的否定面,则是指教育文化的诸种因素是否对该教育文化的肯定面造成危害以及危害的程度。当某一教育文化的否定面不足以危害肯定面的时候,教育评论的标准主要是就其肯定面对该教育文化的肯定;当某一教育文化的否定面足以危害教育文化的肯定面的时候,教育评论标准主要是对教育文化的否定面之否定。

2. 对某一教育文化的肯定与否定

对某一种教育文化应该肯定还是否定,首先要发现并估计出该教育文化的肯定面,肯定面的发现很大程度上是决定我们对教育文化进行否定性价值判断的先验条件。对某一教育文化为什么既有肯定的,也有否定的?关键在于持肯定判断的教育评论家主要看到了教育文化的肯定面,或对其否定面认为还不足以构成对肯定面的危害,而否定性价值判断恰好相反,也即教育文化的肯定面首先未能有效地征服教育评论家,致使教育评论家只看到否定面,或者认为否定面实在已造成了对肯定面的危害,故而征服不了教育评论家。这里我们应当指出的是,天才的和庸才的教育评论家同样都可以以否定或肯定的面目出现,但他们的立足点是截然不同的。

3. 对同一教育文化的肯定与否定

一般说来,教育评论家对同一教育文化的评论可能出现四种状态:全肯定;肯定为主否定为辅;全否定;否定为主肯定为辅。前面两种教育评论状态是教育评论家看到肯定面或主要看到肯定面的显示,教育文化在这里很大程度上征服了教育评论家,这种时候

教育评论是一种解释状态。后面两种教育评论状态是教育评论家
只看到否定面或主要看到否定面的表现,教育文化这时候未能完
全、有效地征服教育评论家,教育评论这时候处于批评状态。肯定
性教育评论以教育文化的肯定面作为价值标准,而否定性教育评
论也必须先看到诸教育文化的肯定面。否定为主肯定为辅的教育
评论中,教育评论家很大程度上又是将其肯定面列为价值标准,这
将影响这一价值的否定面扩大,形成否定性价值判断。

四、教育评论标准的概念

当人们穿行于教育文化时空时,总会自发地对纷繁的教育文
化进行一番优劣评判,这些评判中隐含并运用着一定的教育评论
标准。我们每个人都生活在教育文化时空中,每个人都有一些自
发的教育评论标准。但是,对什么是教育评论标准以及有哪些教
育评论标准,一般人往往不去思考,也难以给予明确的界定。探讨
教育评论标准是教育评论学研究的重要任务。所谓教育评论标
准,就是衡量教育文化价值的准则,或者说是教育评论的尺度和
工具。

1. 教育评论标准是一种规则、规格或规定

标准的基本含义是准则、规则。据《辞海》与《现代汉语词典》
的解释,标准乃是"衡量事物的准则"。衡量事物,其实就是对事物
的评判,即对事物的某种(些)属性进行数量化的测定和(或)性质
的鉴定、区分。要衡量事物,不能没有一定的标准。例如,评判一
所学校的教学水平,需要有评判的指标体系(标准);衡量一位教师
的教学能力,同样需要有衡量的标准。我们衡量任何事物的质或
量,都必须运用一定的标准才能得到。而标准的内容是与被衡量
对象的性质或特征相关联的,只有标准与事物的性质或特征相符
合,运用这一标准去衡量事物才是有效的。同时,标准又是由评论
主体制定的,因而也反映着人们的主观倾向。从这些方面看,标准

是由评论主体制定的反映事物某种(些)属性的衡量事物的规则和方法。另外,标准还有规格或规定的意思。例如,工业标准就是对工厂产品规格如质量、性能等的统一要求或规定。它体现了一种统一的要求,具有规范作用。这种规格或规定是评价、鉴定产品的依据。这说明评论主体一旦制定某种标准,对评论对象就具有客观的影响力和规范性。因此,概括起来说,所谓标准,就是人为制定的反映事物一定属性或特征,并对评论对象具有规范作用的衡量事物的准则和要求。

2. 教育评论标准是一种教育文化标准

教育评论标准是一种衡量教育文化的准则。它反映教育文化的性质与特征,并对教育文化活动具有规范作用。作为一种教育文化标准,它体现教育文化的独特规定性。教育文化是传承历史文明、培养社会仁人、创造现代文明的社会实践活动。教育评论标准主要是对这一社会实践活动的过程、结果、要素进行衡量的一些准则与要求,教育评论标准规范、指引这一社会实践活动有效地进行。无论在历史上还是在现实中,教育评论标准都是多种多样的,但不管什么样的教育评论标准,总得反映教育文化的某些特征以及教育现实的某些状况和问题。而且,对教育文化性质和教育文化历史与现实的认识越深入、全面、充分,提出的教育评论标准就越容易具有合理性并越可能产生积极的规范作用。相反,那些不考虑教育文化活动的性质和特征,而简单地从社会其他领域(如政治、经济等)出发提出的教育评论标准,常常是不切合教育文化实际的,对教育文化活动也多是消极有害的影响。

3. 教育评论标准是一种道德标准

人们对教育文化的评论存在着不同的角度。前面我们从教育活动是否符合教育的本质和规律来对教育文化进行科学评论,提出教育评论标准是一种教育文化标准。人们还常从伦理道德角度来评论和规范教育活动,即对教育文化进行道德评论。就是说,教育评论标准是一种道德标准。教育文化的道德评论是一种以"扬善抑恶"为目的,依据一定标准对教育文化作出善恶判断的活动。教育文化的道德评论以舆论、习惯和人们的内心信念为主要手段,以教育活动为主要对象,以善恶正邪为主要范畴或标志,以改善教育的道德风气、协调教育道德关系和实现教育道德追求为主要目的。教育评论标准是人们对教育文化进行道德审视的价值尺度。它不是一般的教育文化标准,而是有自身独特规定性的教育文化标准。它主要是一种道德价值准则和规范,关心的主要是教育活动的动机、效果的伦理性质与价值问题,是教育价值观的重要方面。

4. 教育评论标准是一种审美标准

人们除了从教育、道德角度来评论和规范教育文化外,也从审美角度来评论和规范教育文化,即对教育文化进行审美评论。实际上,从教育文化活动的本质来看,审美性或称审美意识是基本特征之一,因为人类在进行一切生产时,都是力图"按照美的规律来建造"的,对于传承和创造人类文明、培养社会仁人的教育文化来说更是如此。教育的本质特征是赋予个体以人性的形式,通过涵养个性来发展整体人性。对于以涵养人性为目的的审美活动来说,教育是它的现实载体,教育的本性趋向于美,美是教育天然正确的向导。就是说,教育就其本性而言,就应当是臻美教育,这种臻美教育就是通过教育者的审美教育活动,创造性地构建学生美好的心灵世界,即个体化的自由发展的人性形式,美化其生活和人生。教育审美评论是一种以提供臻美教育为目的,依据一定的标准对教育文化作出美与丑的价值判断活动。教育审美评论以舆论、习惯和人们的内心信念为主要手段,以教育文化活动为主要对象,以美与丑为主要范畴或标志,以改善教育的审美风气、协调教育的真善关系、实现教育的审美追求为主要目的。教育评论标准就是教育审美评论活动所使用的标准,是人们对教育现象进行审美的价值尺度。

五、教育评论标准的发展性

有人认为,教育评论有了一定的标准,就会形成"框框"束缚教育文化的发展。其实,这种看法是幼稚的。任何教育评论活动只有自觉或不自觉地运用标准的差别,以及运用什么标准和怎样运用标准的差别,没有根本不运用标准的教育评论。我们不能责备教育评论有标准,只能批评教育评论所用标准对不对与合不合适。任何教育评论家对教育文化进行评论时,总有一定的尺度和准则,这种尺度和准则就是教育评论标准。

1. 不同人的教育评论标准

在我国古代,孔子提出的"学而时习之"、"温故而知新"、"文质彬彬"、"温柔敦厚",《中庸》中提出的"博学之、审问之、慎思之、明辨之、笃行之"等都可以看做当时的教育评论标准。在古代西方,柏拉图开设希腊学园、著《理想国》都渗透着古希腊的教育评论标准。马克思关于人的全面发展学说,邓小平提出的"教育要面向现代化、面向世界、面向未来"等都是当代的教育评论标准。从古至今,许多教育家、思想家、政治家都曾经从不同的理论观念和实际需要出发,提出形形色色的教育评论标准。

2. 不同时期的教育评论标准

新中国成立后,"文革"前的 17 年曾通行"教育要为阶级斗争服务,要与生产劳动相结合"的教育评论标准。"文革"10 年间曾通行"教育是无产阶级专政的工具"的教育评论标准。以上突出强调教育评论的政治标准,要求教育为政治服务。改革开放后一段时期内曾通行"教育要为经济服务"、"教育产业论"等教育评论标准,突出强调教育的经济功能,要求教育为经济服务。20 世纪 90年代以来,"素质教育"成为通行的教育评论标准,突出强调教育的育人功能。

3. 教育评论标准是发展的

教育评论标准不仅是一种客观存在,而且是随着社会发展不断变化的。但教育是教人追求真、善、美的活动,古今中外概莫能外。真、善、美统一就是教育评论的根本标准,在具体的教育评论实践中总要体现为一定的具体标准。

六、教育评论标准的多样性

教育评论标准以真、善、美统一为核心,构成多样化的系统序列。这具体表现在评论标准的主体性、客体性、随机性和变动性及其相互联系上。[①] 主体、客体、主体和客体随机结合的多样性,主体和客体的历史变动所形成的多样性,以及由此结合的更大范围的多样性,使教育评论标准由真善美统一的圆心出发,扩散出无比丰富多彩的价值标准,构成一个不断变化和发展的标准系统。

1. 主体性

这里的主体性是指教育评论主体由于教育理念和价值观念不同,形成教育评论标准的不同内容和特点。当不同的教育评论主体面对同一评论对象时,必然会根据自己的标准作出不同的认识和判断。教育评论原则标准只能引导教育评论的基本方向和范围,却不能规范和代替主体的具体标准。同样是强调真善美的统一,古希腊思想家普洛丁认为三者统一于神,这与当代教育评论家的理解相差甚远。同样"教人为善",卢梭强调的是让人按照天性自然地发展道德良心和情感;赫尔巴特则主张向人灌输社会的道德观念,以促使人得到意志的陶冶和性格的完善;封建地主阶级则主张教育人做封建王朝的忠臣孝子,维护"三纲五常"的封建伦理;教会势力则主张让人做一个服从宗教教义、皈依教会的好教徒。这种主体性从一方面造成了评论标准的多样性,且往往带有政治

---

① 胡有清:《文艺学论纲》,南京大学出版社,1996 年,第 296 – 298 页。

的、宗教的、道德的、阶级的、民族的色彩。然而,不同的评论群体往往会在一定程度上形成共同的评论标准。例如,任何时代、任何群体都要求教育传播文化精华、剔除文化糟粕,尽管对于何为精华、何为糟粕,各有各的理解,但是培养高素质的人才,适应社会需要,促进社会文明和发展,则是各个时代、各个群体共同的教育价值追求。这些共同认识是教育优劣标准共同性的具体表现。

2. 客体性

这里的客体性是指由于评论客体本身固有的某些性质、特点和功用,自然形成了对它进行衡量和评论的标准。以教育科研成果而言,有体裁、题材、风格、篇幅、形式等不同,不同的对象存在便会形成不同的评论标准,不能互相替代。至于教育科研成果之外的其他教育文化也是这样。在教育评论实践中,常常出现忽视标准客体性的倾向。这在我国教育评论中就有多种表现。例如:将政治标准绝对化、庸俗化,要求教育为政治斗争服务;将经济标准作为规范教育的模式,导致教育发展的功利性泛滥;我国封建社会不主张女子受教育,认为"女子无才便是德",当前的社会主义教育则高度重视女子受教育的权利,坚决抵制不让女子受教育的丑恶现象。另外,要求用评论教育思潮的标准评论教育家,用评论学校教育的标准要求学校以外的教育显然是错误的。实际上,教育评论客体的丰富多样,决定了评论标准的多样性。就像一把钥匙开一把锁一样,需要有适用于不同对象的不同标准。

3. 随机性

这里的随机性是指由于客观环境和现实需要不同,评论标准的主体性和客体性在某一方面的相互沟通和契合,形成评论标准的不同。在具体的评论实践中,客体的这一方面还是那一方面引起主体的评论兴趣,主体选择这样或那样的评论标准,除了受客体和主体本身的性质和特点影响以外,很大程度上还受到客观环境和现实需要的制约。这样,具体怎样运用标准就不能不带有很大的随机性。而当教育评论家运用某种标准评论教育文化时,并不意味着他一定忽略了其他方面,忽视了其他标准,这只是随机性的表现。例如,抗日战争时期,抗战教育、救国教育体现了中华民族共同的利益,为全国不同的阶级、阶层的人们所肯定和称颂,就是很好的例证。

4. 变动性

这里的变动性是指由于社会历史的发展而带来的评论标准的演变和发展。一方面,评论主体的教育思想、教育理念会发生变化,从而带来评论标准的改变。例如:改革开放之初,我国对择校采取的是鼓励的教育政策,大办重点中学、小学;随着改革开放的深入,人们越来越认识到择校的弊端,这时则明确制定"就近入学"的教育政策,并采取措施加强薄弱学校的建设,以达到消除择校现象之目的;等等。随着评论主体认识水平的提高或改变,评论标准的变动时有发生。另一方面,教育评论客体的性质、特点和功用也会发生变化,这必然导致评论标准的演化。例如:在古代社会,教师体罚学生是天经地义的,而在现代社会,教师体罚学生则被视为野蛮、错误的行为而受到否定。这些都说明,既然主体和客体都处在发展变化中,就不可能有永恒不变的教育评论标准。

七、教育评论的根本标准

尽管教育评论的标准是系统和多样化的,具有主体性、客体性、随机性、变动性等特征,但笔者认为,不仅一个时代、一个群体的教育评论标准中有基本的共同性的内容,而且不同群体、不同时代的教育评论标准也会有一定的共同性,这是由人和教育有其共同性所决定的。教育评论标准在变化中有稳定的一面,在发展中有继承的一面。在人类发展教育的实践中,形成了一些关于教育优劣的共同认识,虽然表现形式五彩缤纷,但归纳起来主要有以下三个方面:

1. "真"的标准

所谓"真"的标准,即教育要合乎自身发展的规律,按照教育规律办事。"真"的标准在原始教育中就已存在,其突显是近现代教育的一大特征。科学时代使教育活动和其他实践活动一样具有求真的冲动、努力和丰硕的成果。从夸美纽斯将教育活动与生物生长条件的创造相比,到赫尔巴特将教育学建立在心理学的基础之上,再到今天的"科学化"乃是教育理论和实践追求始终不渝的重要目标。由于"真"的标准的存在,人们已经确立了按教育规律办学的普遍意识。

2. "善"的标准

所谓"善"的标准,即教育要适应社会和促进人的发展。最初教育的目的性标准,使原始人代际之间的模仿和纯粹的学习活动与具有明确目的的、有意识的、自觉的教育活动区别开来,形成真正的"教育"概念。随着文明时代到来的便是具有阶级性的教育自觉意识的学校教育时代。于是人们强调教育应该适应社会发展的需要,教育应该促进个体的发展等更加鲜明的"合目的性"的要求。直到今天,人们衡量教育文化优劣的重要标准仍然是这种善的标准。

3. "美"的标准

所谓"美"的标准,即教育要达到"合目的"与"合规律"的统一。教育文化本身蕴含着美的价值。人类的实践和整个教育文化一直孜孜以求的真和善的统一目标就是美的境界。作为一种价值创造活动,教育文化本身有蕴含美的价值的可能性,同时也只有实现了美的价值,达到了合目的和合规律的统一境界,真和善的追求才是极至的。失去美的追求的教育文化是不可思议的,追求美的教育文化必须有美的评论尺度。

八、教育评论标准的合理性

教育评论标准,无论从形式上看多么超越现实,它都是在现实的基础上以现实为前提而形成的。或者说,任何教育评论标准都具有社会性、历史性和一定的局限性。不可能存在不带有这种社会历史局限性的教育评论标准。从这一点上说,人们不可能找到一个永恒的、无论什么历史条件下都适用的教育评论标准。

1. 教育评论标准要符合社会历史条件

谈到教育评论标准的合理性,必然是相对于一定的社会历史条件而言,它既是相对的,又是绝对的。所谓绝对,是指它在这一社会历史条件下是合理的,即在这种条件下,合理与不合理的界限是确定的;而所谓相对,则是指它的这种合理性是有限度的,超过这一限度,它就可能丧失合理性。这是探讨教育评论标准合理性的立足点。教育评论标准的合理性是指:教育评论标准是合事实、合逻辑、合规范、合目的的。合理的教育评论标准是指:教育评论主体在一定的约束条件的限度内所做出的,符合上述条件之集合的,关于教育评论客体意义的衡量尺度。所谓"约束条件",是指一定的社会历史阶段的教育实践水平和状况。任何教育评论标准都是在一定社会历史条件下做出的,也都是为一定的社会历史条件下的教育实践服务的。它的合理性都是相对于一定的社会历史条件而言的。这既是教育评论标准的约束条件,也是教育评论标准合理性的约束条件。

2. 教育评论标准要符合"真善美"的要求

一个合理的教育评论标准要满足以下三个层次的条件:第一个层次,它必须对教育评论客体和其他参照客体有准确的把握,即教育评论标准所包含的关于教育评论客体及其他参照客体的信息必须是符合实际的,是真的。这是教育评论标准合理性的"真"的要求。"真"是教育评论标准合理性的一个必要条件。第二个层次,它必须具有自洽性与和谐性。其中最重要的是它必须与教育评论目的、教育评论视角、教育评论视域、教育评论客体及其参照系统具有逻辑的自洽性与和谐性。这是教育评论标准合理性的"美"的要求。"美"也是评论标准合理性的一个必要条件。第三个层次,教育评论标准所引导的教育行为必须是合目的的。从最高的意义上,就是顺应人类发展和社会进步的。当一种教育评论标准所引导的教育行为符合人类追求进步的目标,对人类的发展起着积极的作用时,它就是合理的。这是教育评论标准合理性的"善"的要求。

3. 教育评论标准的"真善美"要符合时代的要求

对于每一时代、每一社会的人来说,所谓"真善美"都是相对这一历史条件而言的。在这一历史条件下被认为是"真善美"的,在另一历史条件下未必仍被认为是"真善美"的。因此,一定历史条件下的教育评论标准,被称之为合理的,就是说在社会历史条件下,它比其他的教育评论标准更符合这一历史条件下人们对"真善美"的追求。在同一社会条件下,同属于合理的教育评论标准,也因相对于这一历史条件的"真善美"的程度不同而区分为"更真善美"、"较真善美"等。就是说,教育评论标准的合理性是相对的,是相对于我们现有的认识水平和现有的实践水平而言的。

第五章 教育评论的主体与客体

教育评论过程是一个充满矛盾的过程,是一个矛盾运动系统。在众多的矛盾中,教育评论主体与教育评论客体的矛盾是教育评论过程的基本矛盾。这一矛盾普遍存在于一切教育评论过程之中,贯穿于每一教育评论过程的始终,并且决定着教育评论过程的其他矛盾以及教育评论过程的性质和发展。教育评论学对教育评论主体与教育评论客体相互关联及其矛盾运动的研究,着重于在教育评论过程中如何正确处理二者之对立统一关系的研究,通过恰当的斗争方式解决矛盾,以求教育评论过程的正常进行和二者的协调发展。

一、教育评论主体与主体性

所谓教育评论主体,就是指教育评论活动的实施者或称主动者。广义的教育评论主体是指凡是能对教育文化说长道短论是非的人,这些人关于教育文化是非的一切言谈举止都可归为广义的教育评论。为了研究方便,我们把广义的教育评论分为大众教育评论、专家教育评论和行家教育评论三种形态,相应的,广义教育评论主体就被分为大众、专家和行家。① "大众"指社会大众,新闻界的记者、政府的官员、学者以及街头巷尾议论教育的老百姓等都是大众教育评论主体;"专家"是指教育界的教育工作者,尤其是教育科研工作者,他们是能站在自己专业的角度对教育进行深层次评论的人;"行家"是指以教育评论为主要活动范围的教育评论家。

这里研究的教育评论主体是教育评论家。② 教育评论家必须具有主体性,即在教育评论过程中具有持久的能动性、自主性和创造性,时时处处以教育评论主体的身份,在推动教育发展中起能动作用。教育评论家的主体性主要包括如下内容:

---

① 刘尧:《论教育评论形态》,《教育学术月刊》,2007年第7期。
② 刘尧:《论教育评论主体:教育评论家》,《青岛科技大学学报(社会科学版)》,1999年第1期。

1．主体意识

主体意识是作为从事教育评论活动的教育评论家,对于自身的主体地位、主体能力和主体价值的一种自觉意识,是自主性、能动性和创造性的观念表现,它包括自我意识和对象意识。在教育评论过程中,教育评论家的主体意识越强烈,他们参与自我发展和在教育评论过程中实现自己的本质力量的自觉性就越大,从而也就越能在教育评论过程中充分发挥自身的能动力量,不断地调整和改造自身的知识结构、心理状态、行为方式。可见,教育评论家主体意识的强弱,在某种意义上决定着他们对自身发展的自知、自控、自主程度,从而决定着其主体性的发展水平。

2．主体能力

主体能力是主体能动地驾驭外部世界推动其才能实际发展,从而使自身得以不断发展的能力。教育评论家主体能力的发展,有赖于他们积极汲取前人积累的教育评论知识经验,有赖于他们主动地在教育评论过程中加以发展和提高。教育评论家的主体能力发展水平越高,他们就越能充分利用外部条件去发展自身,从而发展自己的主体性;反之,他们在自身主体性发展上就越感无能,也无法真正成为教育评论活动和自身发展的主体,正如马克思所说的,没有音乐的耳朵就不会成为音乐的主体。

3．主体价值

主体价值在这里包括教育评论家的自身职业价值和自我价值,以及教育评论家的教育价值观。教育评论家往往是教育科学水平与境界较高的人,他们能更多地受到真理、逻辑、正义、善与美的影响,更善于把真善美协调统一起来。教育科学水平与境界对教育评论家价值观的影响,主要是通过教育文化的价值取向表现出来。一般来说,教育评论家的教育科学水平与境界提高到一定程度,就会自觉地接受其教育科学共同体的价值规范,进而形成自己的主体价值。

4. 主体人格

教育评论家的主体性发展实质上指各种能力的综合发展,它不仅包括理性因素,还包括非理性因素。同样,教育评论家主体地位的确立与主体性的发挥,来源于包括理性因素和非理性因素在内的整体因素和属性。其中,非理性因素是教育评论家主体性发挥的催化剂和激素,如果没有非理性因素的推动、激活和引导,教育评论家即使有再大的教育评论能力,也难以发挥出来。因此,教育评论家不仅要具有现代教育科学知识、教育评论经验和教育评论艺术,而且还应具有对教育评论的情感、意志、灵感、信念、直觉等非理性因素,即主体人格。

二、教育评论家的基本素质

素质是指活动主体为完成某项工作而必须具备的基本条件。根据我国社会主义教育的性质、目的、任务等对教育评论活动的基本要求,我们将社会主义教育评论家的基本素质归纳为以下几方面:

1. 政治素质

我国社会主义教育是以马列主义、毛泽东思想、邓小平理论为指导的,为建设有中国特色的社会主义强国服务的,面向世界、面向未来、面向现代化的教育。其教育目的是使国民享有机会均等的教育权和发展权,把国民培养成有理想、有道德、有文化、有纪律的全面发展的社会主义建设者和接班人。这就决定了社会主义教育评论家必须以马列主义、毛泽东思想和邓小平理论为指导,对中国特色的社会主义教育有深刻的认识和把握,具有马克思主义教育理论水平和政治觉悟,对教育评论与政治的关系有科学的认识。

2. 业务素质

教育文化丰富多彩,源远流长。教育评论的对象是包含一切教育和教育的一切的教育文化,教育评论家要对不同层次、不同类型的教育文化作出符合教育规律和教育实践的评论,就必须能站在一定的理论高度和切实的实践角度。这就要求教育评论家不仅要具有教育理论家的理论水平、教育实践家的实践经验、教育战略家的战略思想等,而且要有科学家的严谨和艺术家的浪漫风格,从而形成教育评论家的知识结构、智能结构、心理结构和评论风格。

3. 思维素质

教育评论活动既是一种科研活动,也是一种艺术创作活动,教育评论文章是科学性和艺术性完美结合的产物。教育评论家不仅要具有缜密的科学逻辑思维,而且不可缺少艺术的形象思维和灵感思维以及良好的思维品质,即教育评论家的思维要具有广阔性、深刻性、灵活性、独创性、批判性、敏捷性等优良品质。

4. 品德素质

教育评论是对教育文化说长道短论是非的一种价值评判活动,其结果直接关系到教育文化的社会声誉和自我发展,具有极强的导向和规范作用。从某种意义上讲,教育评论家就是教育文化发展的导航员和裁判员。因此,对教育评论家的品德即职业道德修养应有很高的要求,其核心是要有实事求是的科学精神和坚持真理、修正错误的科学态度。

5. 心理素质

教育评论既要"浇花"又要"锄草",好则说好,错则说错。教育评论要通过实事求是地分析、评说、澄清教育文化是非来扬弃教育的旧观念,形成和发展新的教育观念。这就要求教育评论家要有揽古今中外之珍奇于襟怀的博大胸怀,要有不蹈故常、不计个人恩怨之气概,即要有良好的心理素质。教育评论家在教育评论过程中以服从真理为最高准则,对各种不同意见要有心理承受能力,始终保持轻松的心境、平静情绪、昂扬的精神、坚韧不拔的毅力。

6. 创造素质

揭示教育文化价值、影响教育文化发展的教育评论是一种创造性活动,要求教育评论家要具有创造素质。刘勰曾曰:"操千曲而后晓声,观千剑而后识器,故圆照之象,务先博观。"教育评论家的创造素质可以在长期的教育评论实践中养成,通过如下几条途径实现:通过对教育文化内涵和价值的独到发现,实现对教育文化主体创造的延伸和升华;通过对教育实践的观察与思考,提出并回答有普遍意义的问题,推动教育的发展;通过对评论观念、评论标准、评论方法以及评论文章等的独特探索,实现自身的超越,促进教育评论学的发展;通过在独特层面上沟通教育理论与教育实践的联系,促进中国特色教育理论体系的形成;等等。

三、教育评论家的基本职责

教育评论家的职责是指教育评论家这个职业(务)应当承担的社会责任和专业工作责任。笔者认为,社会主义教育评论家应该承担以下基本职责:

1. 评论教育文化——说长道短论是非

教育评论的对象既然是教育文化,教育评论家最基本的职责便是对教育文化进行科学的评论,鉴别其优劣,分析其得失。这种评论以对教育文化的深刻认识为基础,进而对其内涵和本质特点加以阐释,最后从总体上作出实事求是的判断。具体来说,可以分为如下三步:首先,教育评论家将自己和大众对教育文化的认识加以明晰化和系统化。其次,教育评论家根据自己的理解对评论对象作出阐释。再次,教育评论家在阐释的基础上,对评论对象依照一定的评论标准作出判断。

2. 探讨教育评论理论——创建教育评论学

教育评论家还需要在考察大量教育评论现象的基础上,总结教育评论经验,探索教育评论规律,完善教育评论理论体系,创建教育评论学。教育评论学不仅对教育评论活动的开展有指导和规范意义,而且对教育文化活动具有指导和规范意义。创建教育评论学也是教育评论家的重要职责,正如毛泽东同志在《实践论》中指出的:"实践若不以革命的理论为指南,就会变成盲目的实践。"教育评论家只有把大量的教育评论实践经过抽象上升为理论,才能使人们认识教育评论的重要意义,掌握教育评论规律,充分发挥教育评论的作用。

3. 建设教育文化——抑恶扬善促发展

"以评促建"是教育评论的宗旨。教育评论家的根本职责就是通过对教育文化作出科学的判断,引导大众认识教育文化的优劣,达到抑恶扬善促进教育文化健康发展的目的。教育评论不是教育评论家的文字游戏,也不是教育评论家之间的唇枪舌剑,而是教育评论家站在评判者的立场,通过评判教育文化的是非、优劣,与教育文化主体一起参与教育文化建设,把健康的、优秀的教育文化奉献给大众。同时,引导社会大众选择和享受教育文化,促进教育文化与社会发展互动,从而达到可持续发展状态。

四、教育评论家的基本修养

教育评论家的多方面条件既有先天的禀赋,也有后天的养成。刘勰曾经在《文心雕龙》中提出,写作的准备在于"积学以储宝,酌理以富才,研阅以穷照,驯致以怿辞。"[1] 这就涉及学习知识、研究事理、观察生活等多方面的修养内容。这些对于教育评论家来说也是基本的修养内容。在此对社会主义教育评论家的基本修养作如下概括:[2]

1. 树立共产主义人生观

对于教育评论家来说,修养的核心是人生观问题。因此,教育评论家进行修养所应坚持的基本原则和根本要求是从大处着眼,从小处着手,理论联系实际,在教育评论实践中逐步树立起正确的

---

[1]　郭绍虞:《中国历代文论选》一卷本,上海古籍出版社,2001 年,第 84 页。
[2]　刘尧:《教育评论家的修养与责任》,《学园》,2010 年第 1 期。

人生观。所谓从大处着眼,就是要在理论上搞清楚有关人、教育和社会的一些基本问题及其关系。所谓从小处着手,就是要时刻以正确的思想理论为指导,脚踏实地,从我做起,从每项小的教育评论活动做起。

2. 树立辩证唯物主义世界观

教育评论家要能真正在教育现实中有所发现,并在教育评论文章中表达出对教育文化的深刻见解,必须具备正确的立场、观点和方法,即通常所说的世界观。一个教育评论家如果看不清当代最重要的教育思潮,那么他的教育评论文章中所表达的思想实质的内在价值就会大大地降低。

3. 形成健康向上的教育情感世界

情感在教育评论过程中作用重大。一定情感的形成和发展,与人的思想、活动、需求等有着密切的关系,它也是主观和客观因素共同作用的结果。对于教育评论家来说,需要在教育评论实践中加强情感修养,提高情感的纯度和浓度,从而提高情感体验的水平,增强教育评论文章的感染力。情感修养的中心是审美情感的培养,同时也包括了一般社会情感的蕴积和升华。除此之外,增强对情感的控制和调节能力,防止情感的泛滥影响教育评论活动的开展和教育评论文章的质量,也是情感修养的重要内容。

4. 深入教育实际,体验教育文化

教育文化只有经过教育评论家的观察、体验和研究,也就是通过教育评论家自己的过滤、咀嚼和消化,才能成为教育评论的材料。教育评论家需要不断地对教育文化进行这种审美的处理,这样才能不断丰富和充实自己的材料宝库,并在此过程中提高自己对教育文化的认识,获得教育评论艺术的发现。

5. 不断学习和实践,提高教育评论水平

对教育评论家来说,必须通过不断的学习和实践,逐步认识和掌握教育评论的规律和特点,不断努力以达到得心应手。为此,教育评论家首先要学习和研究教育评论学理论,提高理论素养。其

次要积累教育评论实践经验。不仅要对前人或他人的教育评论经验进行学习、借鉴乃至模仿,还要总结自己的教育评论经验。再次要逐步养成自己的评论技巧和风格。为了养成高妙的评论技巧和独特的风格,教育评论家必须进行全面的刻苦修炼。

五、教育评论家的教育文化选择

教育评论家所开展的专业教育评论,是在总结和吸收大众教育评论精华的基础上所进行的再加工和理论提升。这种提升的结果对整个大众教育评论和社会的教育文化选择来说,有一种极强的导向作用。教育评论家对教育文化的选择是以其独特的方式和途径来进行的。

1. 通过确定评论目的实施对教育文化的选择

教育评论目的是对教育评论活动所要宣扬和抑制的教育文化的总体设想和规定,是教育评论活动所直接期望达到的结果。把教育评论客体导引到何方,使教育活动发生何种变化,这是教育评论家必须首先明确的一个问题。无疑,对具体的教育评论目的的设计和构想,在不同时空条件下是多种多样的。这种多样性正是不同时代、不同国家和民族以及不同的人,对教育文化作出不同选择的结果。例如:1968 年美国的《双语教育法》要求在学校里使用本民族语言。加强本民族语言教育和民族认同感并不仅仅是为了取得学术成就,当时人们认为双语教育对于维护美国民主具有重要的意义。民族性不应被主流文化所取代,应该受到尊重,如何接受或评价应由其自身决定,更何况移民或少数民族儿童参加双语教育计划和主流文化,可以促使其形成正确评价其他民族的习惯,有助于消除文化间的不协调因素。这是美国对双语教育进行选择的结果。可见,教育评论目的的确定实质上是对教育文化进行选择。

2. 借助评论文章实施对教育文化的选择

教育评论活动要实现既定的目的,传播优良的教育文化,必须要以一定的教育评论文章来指导教育评论客体。教育评论文章正是教育评论家从浩瀚无边的教育文化海洋中精心挑选出来,并经过系统整理加工之后呈现在大众面前的。可见,教育评论文章是教育评论家对教育文化选择的结果。如果说教育评论目的的确定是通过观念的形态对教育文化提出一定的要求,那么教育评论文章则是把这种观念形态转化为知识和技能形态,对所选的教育文化进行具体的评论,实现具体的教育评论目的。总之,教育评论文章是教育评论家实施教育文化选择的一条重要途径,教育评论对教育文化选择功能的发挥,在很大程度上正是借助这一途径实现的。

3. 依靠评论主体实施对教育文化的选择

作为教育评论主体的教育评论家,在教育文化的选择中扮演着重要的角色。就教育评论家对教育文化的选择过程而言,经过了选择的教育文化,还只是一种"源教育文化",要将其强化并传播,还需要教育评论家在教育评论过程中进行一番"过滤"、"变通"和"重组"才能实现。这就意味着只有当教育评论家成为教育文化选择的主动参与者,真正领会和掌握所选择的教育文化,在思想和行动各方面同所选择的教育文化保持一致时,才能使之得以顺利传播。此外,由于教育评论家的"个体文化"在教育评论的选择中也有着十分特殊和重要的地位,因而要保证教育评论家在教育文化选择中的作用得到有效发挥,就必须努力提高教育评论家的教育理论素养,促使教育评论家形成合理的价值观念、知识结构和高尚的道德情操及审美情趣,并切实充分调动其主动参与教育文化选择的积极性。

4. 通过对不良教育文化的扬弃实施对教育文化的选择

不良教育文化是与主流教育文化相对而言的一种局部文化。教育评论通过对不良教育文化的批评和扬弃,逐步消除、引导和整合不良教育文化来实现对教育文化的选择。从不良教育文化的发展趋势来看,一方面,不良教育文化的某些部分会随着其副作用的显现而被教育评论家所批评,进而逐步消除或引导使其为主流教育文化服务。另一方面,不良教育文化在其发展过程中势必也要不自觉地淘汰那些与社会激烈抵触的方面。很显然,在教育文化的浩瀚海洋中,不良教育文化的存在是必然的,但永远是支流。这不仅因为教育评论抑制其发展,事实上其自身的生存过程也是一个自我消解的过程。

六、教育评论客体:教育文化概说

教育评论客体是指教育评论活动所直接施予的对象——教育文化。作为培养人的活动过程的教育文化,以及与此有关的教育文化的生产者(教育工作者)和消费者(受教育者),都是教育评论的客体。[①] 教育评论学认为,教育文化是指"在教育领域这一特定范围内,教育工作者和学生在其教育活动中,所形成和创造出来的物质和精神产品及其形成和创造的过程"。教育文化的范围是"教育的一切和一切教育"。教育工作者和学生置身于教育领域中,就不可避免要受到特定的教育文化影响,同时参加到其活动中,创造出新的教育文化氛围和教育文化成果。

1. 文化概说

(1) 文化的定义。关于文化的定义从来就是众说纷纭,可达260多种。在欧洲语言中,文化(culture)源于拉丁语的"耕作"一词,指人类通过努力与自然斗争且运用智慧得到的创造物。英国人类学家泰勒(1832—1917)曾给文化下了经典性的定义:"文化,就其在民族志中的广义而言,是个复合的整体,包含知识、信仰、艺术、道德、法律、习俗和个人作为社会成员所必需的其他能力和习

---

① 刘尧:《论作为教育评论客体的教育文化》,《浙江大学学报(人文社会科学版)》,2000 年第 3 期。

惯。"① 据说这是有关文化的最早的定义。

（2）教育和文化。美国文化人类学家林顿（1893—1953）提出："文化是由教育而产生的行为和行为结果构成的综合体，其构成要素为这一社会成员所共有，而且加以传递。"在日本，人们常把教育和文化归为一类，称之为"文教"，这两者也都归由文部省或教育委员会管理。② 广义地解释，教育本身也是一种传递社会价值和知识的行为，应包含在文化之中。教育评论学认为，教育是一类文化，是文化大系统的子系统。

2. 教育文化概说

教育学和教育文化学对教育文化的定义，涉及教育文化的教育各分支学科对其还会有新的定义，这是不同学科的切入点相异所致。

（1）教育学对教育文化的看法。有学者指出："教育是文化的重要组成部分。从大文化观着眼，教育不仅是文化的一个组成部分，而且它本身就是一个文化系统。因为教育包括许多文化因素：语言符号、道德观念、价值趋势、行为习惯、思维方式等。因此，作为文化形式存在的教育可以称为教育文化。教育文化由教育思想、教育制度、教育价值体系三个方面构成。三者的关系不是孤立的，而是相互关联、相互渗透的。"③

（2）教育文化学对教育文化的看法。有学者认为，教育文化是一个民族或一个群体的教育活动的类化物，是一个民族文化大系统的子系统之一。教育文化不等于教育活动，而是人们对教育活动的过程、方式、内容、结果等的反映，是人们对教育活动的情感与态度。教育文化的构成要素包括：教育社会心理、教育行为规范、教育理想信念、教育价值观念、教育思维方式和教育精神。教

① E. B. Tylor. The Origins of Culture. Harper and Brothers Publishers, New York, 1958:1.
② ［日］名和太郎：《经济与文化》，中国经济出版社，1987年，第41－42页。
③ 田建国：《高等教育学》，山东教育出版社，1990年，第81页。

育文化本质上是心理的、观念的、精神的,我们无法直接予以把握。教育化一定要通过各种载体表现出来,人们则可以通过这些载体去认识、理解和思考教育化。教育化的载体有四类:实物载体、言行载体、文字载体和文艺载体。①

3. 教育文化的结构

教育文化是人类文化的一种亚文化,在人类文化中处于较高层次。与人类文化相同,教育文化从内容上看亦可分为三个层次,即精神层次、物质层次和制度层次。教育文化的三个层次构成一个有机的统一体。精神层次的教育文化是教育文化的核心和灵魂,反映了教育文化的属性,规定了教育文化的特质,支配着物质层次和制度层次的教育文化。因此,对精神层次教育文化的评论是教育评论的主要领域。从物质文化到精神文化是由浅入深的过程。精神层次的教育文化在教育文化活动中形成,又反过来指导和支配教育文化活动。

(1)精神层次。它集中表现为"教育中人"这个群体的教育观念、思想意识、情感、态度以及在此基础上形成的教育思潮、教育风气、教育风格、教育流派等。这中间有教育思想的传播、交流、碰撞、接受和创新。它对教育文化的发展具有指导意义,同时,又要在教育活动中接受检验,求得发展和深化。这些是教育文化的核心和灵魂。

(2)物质层次。它是教育领域活动的人(包括教育工作者和学生,以下简称"教育中人")在教育活动过程中形成和创造出来的成果之一,也是从事教育文化活动的一些必备的物质基础。如:学校校园及各类组织和设施,包括教室、课桌椅、教具、教材、教学设备等各种有形的教育设施和用品,以及各种教育管理组织、学会、协会、基金会等。这些是教育文化的表层和载体。

(3)制度层次。它主要包括两个方面:一类是教育活动的规

---

① 陈卫:《中国教育文化初探》,南京师范大学博士论文,1993 年。

范、规则,各种制度、章程、习惯、奖惩条例等;另一类就是教育的运作方式(或称行为方式)。如:口耳相传的师徒式教育、集体授课的课堂教育、网上授课的远程教育;家庭教育、学校教育、社会教育;正规教育、非正规教育;普通教育、职业教育;等等。这些是教育文化的主体。

七、教育评论客体:教育文化的特征

在综合把握作为教育评论客体的教育文化的概念基础上,我们有必要进一步认识教育文化的基本特征。

1. 教育文化活动具有丰富性与多样性

教育文化活动十分丰富和多样,它包括了人类教育所形成和创造的一切物质的、制度的、精神的内容。从教育文化活动的性质看,可分为学校教育文化和社会教育文化(含家庭教育文化),或者正规教育文化和非正规教育文化;从教育文化活动的形式看,可分为精英教育文化和大众教育文化,或者普通教育文化和职业教育文化;从教育文化活动的层次看,可分为学前教育文化、初等教育文化、中等教育文化、高等教育文化和继续教育文化;从教育文化活动中的人来看,可分为教育者文化和受教育者文化;从教育文化活动的历史沿革看,可分为统教育文化和现代教育文化;从教育文化活动的民族性看,可分为本民族教育文化和外民族教育文化;从教育文化活动的阶级属性看,可分为无产阶级教育文化和资产阶级教育文化;从教育文化活动的地域看,可分为东方教育文化和西方教育文化;等等。

2. 教育文化活动具有广泛的参与性和影响的持续性

随着全民教育计划的逐步实施,终身教育观念广泛宣传并日渐被人们接受,教育文化就具有全民参与的性质,其影响也是人的终生过程。教育文化对个人和社会的影响是其他文化望尘莫及的。每个人只有通过参加教育文化活动,使自己知识化、智能化,成为符合社会要求的人,才能进入社会从事力所能及的社会工作,换取自己生存与发展的物质和精神食粮。社会也要求每个社会成员接受教育,参与教育文化,养成文明行为和从事社会工作的习惯和能力,进而为社会作出贡献。可见人是无法逃避参与教育文化的,自觉也罢,被迫也罢,都得参与到教育文化活动中来,经过教育文化活动的训练成为社会人。这就是教育文化活动的广泛参与性。人的一生是不能离开教育文化的,生下来之后就在家里接受家庭教育,养成人的基本行为方式;到了入学年龄入学接受正规的学校教育,养成完整的人格和从事社会工作的基本技能;进入社会后还要接受社会教育,不断学习、更新知识、完善自己,以适应社会发展的要求。就是说,人一生都在受教育文化的熏陶,教育文化的影响持续人的一生。

3. 教育文化内容具有智能性与创造性

教育文化是按照人的身心发展规律,提高人的思想道德素质和科学文化素质,采用有计划、有目的的系统教育方式,使青少年通过从初等到中等教育获得人类社会关于语言、思想道德观念、人文社会科学和自然科学等方面的最基本的知识;而高等教育则是在此基础上使青少年学生继续得到提高,按照他们特定的能力、兴趣、爱好,把他们培养成国家需要的专门人才。高等教育是国家科学文化水平的标志,它通过科学研究、学术讨论、著书立说,将人类社会积累的知识进行整理,使之系统化、科学化,并不断创造、发展、补充新的科学文化知识,使整个社会的科学文化水平普遍提高。

4. 教育文化活动具有历史的延续性和选择性

任何一种文化都是传统文化发展过程的历史积淀,这就决定了它的历史延续性,教育文化也不例外。由于教育文化的特质,如教育价值观念、教育道德规范、教育风俗与习惯等,不可能通过生物遗传的方式保存和传递,因此,教育文化就承担了保存和传递的职责。这就是教育文化的历史延续性。教育文化的保存和传递过程,是一个教育者和受教育者双重选择和整理的过程。这是因为:首先,教育离不开确定和学习教育内容,而确定和学习教育内容的过程,实际上就是教育者和受教育者依据社会的需要以及个人的心理倾向、情趣、经验选择文化知识的过程;其次,教育离不开编写教材,这实际上是整理文化知识的过程,经过这一过程,文化知识便条理化了,也更易为年青一代所接受了。这就是教育文化的选择性。

5. 教育文化发展的开放性与融合性

纵观世界教育文化发展史可以看出,不同地区和民族的教育文化互相开放、互相交流、互相引进、互相吸收,同时又不断分化,这是各民族教育文化发展的一条规律。由于教育文化有超越阶级性和民族性的、为人类社会所共同需要的内容,如基础科学文化知识和某些道德行为规范。因此,各国和各民族能够相互借鉴教育制度、教育内容和教育经验,促进各民族教育文化之间的交流与融合。

八、教育评论客体:教育文化的功能

有关研究显示,教育评论客体——教育文化的功能包括:认知功能、传播功能、教化功能、选择功能、创造功能[1]、服务功能。

1. 认知功能

在教育文化活动中,知识是教育者向受教育者传授的内容,又是教育者与受教育者认识世界的工具。正是借助于这一工具,人类才可以不断加深对自然、社会以及自身的认识,并由此积累、延续和发展人类文化。在人类创造物质文化的层面上,教育文化的认知功能主要表现在通过教育认识、学习和掌握生产劳动经验与技能。在制度文化创造的层面上,主要是认识、学习和掌握行为规

---

① 梅新林,等:《教育文化学》,光明日报出版社,1998年,第14-16页。

范、生活习俗以及各种宗教仪式等。在精神文化创造层面上,则主要是认识、学习和掌握精神文化创造能力。这些都是教育的过程,都是通过教育才得以实现的。

2. **传播功能**

教育作为文化的载体,既可以作纵向传播,即不断地由老一代向青年一代传递教育内容,使后人对前人创造的文化具有高度的理解力和适应性,以此维持文化系统的延续性。同时也可作横向传播,即由此地向彼地传播教育内容,以此达到文化交流与融通的目的。教育的传播既可以是单向性的,即普通意义上的传授、传递;也可以是双向的甚至是多向的,即普通意义上的交流。由此可见,教育本身是一种传播与交流文化的过程。

3. **教化功能**

教育是对人的教育,教育活动就是塑造人的活动,因此,"育人"是教育的基本价值取向。一个人从呱呱坠地开始,就生活在一定的教育文化环境中,父母教他学说话,教他识别器物,教他爱憎。长大后,学校教他知识、教他做人,社会上各种规章制度、风俗习惯教他适应社会。人正是通过教育才一步一步地完成社会化,最终成为社会的人、文明的人。一个人能成长为什么样的人,在很大程度上取决于教育,不同的教育会塑造出不同的人。

4. **选择功能**

传统文化的不断积淀和外来文化的广泛传播使文化变得浩大无边,这里面有精华也有糟粕。文化选择就是对某种文化的取舍。它通过对旧文化和外来文化的吸收、加工、改造和摒弃来创造新文化。这种文化的选择贯穿于教育文化的全过程。教育文化的每一个活动过程,都是一个去粗取精的选择过程。教育所选择的文化,在一定程度上体现人类文化的精粹,是人类文化宝库中重要的乃至核心的组成部分,教育即对这些文化内容进行组织和重构,以受教育者最易接受和理解的方式进行传播,使他们在较短时间内学到较多的文化,掌握社会文化的主流,维持文化体系的延续。教育对文化的选择是多方面、多途径、有目的、有意识的主动的选择。

5. 创造功能

教育过程既是一个文化传播过程,也是一个文化创造过程。这是因为:首先,教育在选择、传播文化中决不是对原有文化进行简单的复制,它包含着文化创造。一切教育政策、教育方针的制定以及教育改革的实施都必须指向文化创新。其次,教育促进了文化观念的更新。文化观念的更新是文化创造的最显著标志。文化观念更新的前提是具有科学的文化知识和创造性思维,而要冲破传统思维模式的束缚、促进文化观念的更新,没有教育的普及和提高是不可能的,文化观念的更新与文化创造的成果是与科学先进的教育密不可分的。再次,教育通过培养具有创造力的人才来实现文化的创造与更新。离开了人就没有文化,没有创造性的人才,文化也不能创新。教育通过培养人的创造精神和创造才能,促进其成为创造人才,从而为文化创新提供原动力。

6. 服务功能

教育尤其是高等教育的优势在于具有包括社会科学、自然科学和哲学在内的不同学科和专业的综合技术优势;有专家、教授和其他教师、研究人员以及研究生和大学生的综合人才优势;有立于科技制高点的科技情报的综合信息优势;有高水平的有关生物技术、遥感技术、计算机技术以及电化教育技术等先进的仪器设备和技术手段的综合优势。以上这些使高等教育的优势不仅能通过教育和科研为社会服务,而且能直接为社会提供技术、信息和经济开发服务及决策咨询服务。高等教育社会服务功能的发挥有利于科学研究面向社会、面向生产、面向实际,参与一些重大理论和实际问题的研究;有利于提高教育质量,促进高等教育面向国民经济,培养具有解决实际问题能力的高级专门人才。从这个意义上说,"服务"是双向的,教育文化在为社会服务的同时,社会又促进了教育文化的发展。

九、教育评论媒体的要素与特征

教育评论媒体是记录、储存、传播和再现教育评论信息的载体,是教育评论主体的教育评论观点得以传播到社会的中介。没有教育评论媒体,教育评论主体就无法传播教育评论信息,社会也无法从教育评论主体那里接受信息,教育评论的目的就不可能实现。因此,对教育评论媒体进行研究,充分发挥教育评论媒体的传播作用,是教育评论学研究的问题之一。[①]

1.　人类传播媒体的演变

（1）媒体的演变。人类传播媒体的演变是以加速度进行的。从语言到文字,经历几万年;从文字到印刷,经历几千年;从印刷到电影、广播,经历 400 年;从第一次试验电视到月球播回实况电视,只经历 50 年。[②] 人类传播媒体每经历一次飞跃,都在教育上留下深刻的烙印。

（2）媒体对教育的影响。教育史的开端和教育史上最有决定意义的变化,是伴随符号文化与传播媒体发生的。比如:印刷媒体使大众接受教育成为现实,而大众传播媒体的出现使远程教育得以实现。近年来,信息高速公路的发展将进一步推动教育的革命性变革。人类传播媒体的进步,在推动教育变革的同时,也为教育评论提供了高效而多样化的传播方式。

（3）媒体对教育评论的影响。各种传播媒体都为教育评论的传播开辟了新的前景。人类历史上经历了多次因以新的符号文化补充和改进原有的符号文化、以新的传播媒体补充与改进原有传播媒体而在文化上获得有决定意义的飞跃。在这方面,语言、文字以及大众传播媒体的问世是具有里程碑意义的。

---

① 刘尧:《教育评论媒体论》,《青岛科技大学学报(社会科学版)》,1999 年第 4 期。
② ［美］威·施拉姆,威·波特:《传播学概论》,新华出版社,1984 年,第 19 页。

2. 教育评论媒体的要素

人类的一切传播媒体都可以为教育评论所用,用于教育评论的传播媒体,我们称之为教育评论媒体。教育评论媒体由三个要素构成。①

(1)物质实体。物质实体是教育评论媒体得以存在的首要因素。没有具体而实在的物质实体,无论多么精美的教育评论观点也无法依附、无法传播。因此,物质实体是构成教育评论媒体的前提条件。

(2)教育评论符号。教育评论符号是构成教育评论媒体的第二要素。一般的物质实体上若没有负载上特定的文字、图像、声音等人类能够识别和解读的教育评论符号,那它就只是普通的、随处可见的物体,而不是媒体。教育评论符号是教育评论媒体与其他物体相区别的一个重要标志。

(3)教育评论信息。教育评论信息是构成教育评论媒体的重要因素。首先,传播教育评论信息是教育评论媒体的基本功能和唯一使命;其次,任何有序的完整的教育评论符号都蕴含着特定的教育评论信息。此外,教育评论信息也是教育评论主体与社会发生关系,形成互动的理由和前提。

3. 教育评论媒体的特性

根据以上分析,我们认为,教育评论媒体是指介于教育评论主体与社会之间,用以负载、传递、延伸、扩大特定教育评论符号的物质实体。其具有以下特性:②

(1)实体性。作为实体性的媒体,它有质地、形状、重量,是具体的真实的有形的物质存在,可见、可触、可感,故也就会有磨损、消耗和锈蚀等。比如书刊、报纸、收音机、电视机、电脑等都是用于传播的实体。

---

① 邵培仁:《传播学导论》,浙江大学出版社,1997 年,第 227 页。
② 同①,第 228 页。

（2）中介性。教育评论媒体的中介性特点,一是指它的居间性,即它居于教育评论主体与社会之间;二是它的桥梁性,即它可以使传授双方通过它交流信息和发生关系,起到桥梁的作用。

（3）负载性。负载教育评论符号既是教育评论媒体的特点,也是教育评论媒体存在的前提和必须完成的使命。由于教育评论媒体不仅负载教育评论符号,而且通过教育评论符号负载了教育评论信息或内容。因此,人们谈及教育评论媒体时,往往既指其物质实体(如:纸张、电视机等),也指物质实体、教育评论符号、教育评论信息的混合体(如:报纸、书刊、广播等)。

（4）还原性。教育评论媒体作为中介而存在,这决定了其在传播过程中所负载的教育评论符号应是原声、原形、原样,而不应对教育评论符号作扭曲、变形和嫁接处理。

（5）扩张性。教育评论媒体不仅可以"穿针引线",使传、受双方发生关系,还可以将教育评论主体的思想、情感扩张开来为多人所共享。

十、教育评论媒体的类型与选择

教育评论媒体的类型是人类传播媒体在教育评论领域中的一个缩影。按照人类传播媒体的发展阶段,可以将教育评论媒体分为语言媒体、文字媒体、大众传播媒体和互动媒体四大类。

1. 语言媒体

（1）语言媒体的特点。语言符号作为思想的直接现实,不仅是个别具体事物的符号,而且能反映同种同类事物及事物之间的关系,因而优越于非语言符号(姿态、手势、表情等)。唯其如此,它在人们通过声音传播信息时,既包含比非语言符号多得多的信息,又因能同声音所指向的具体事物分离而成为便于携带的信息载体。语言揭开了人类特有的教育史的序幕。语言的产生标志着人类在交流、交际方面,特别是在传递信息的能力方面有了巨大的进步。

（2）语言媒体的作用。使用语言媒体进行信息交流和传递是人类区别于动物信息传递的根本标志之一。语言本身是一种特殊的文化现象,同时又是各种思想文化的载体,它具有符号、表达、交流的功能。因此,语言媒体的发展在促进人类社会和教育文化发展中起着重大作用。即使在出现了多种多样现代媒体的今天,语言仍是人类交流和文化传播活动的基本媒体,也是教育评论的重要媒体。

（3）语言媒体的局限。作为教育评论媒体的语言媒体也有许多局限性。如:比较抽象,需要体态语辅助,缺乏记录手段,只能面对面传播,瞬间即逝,难以长久保存流传后代等。就是说,单纯依靠语言符号传播教育评论信息的过程,不免受到时间与空间的限制。

2. 文字媒体（书写媒体）①

人类在使用语言媒体并用以进行教育几十万年后,在公元前4000年左右发明了新的传播媒体——文字符号。文字媒体先后出现了书写媒体和印刷媒体两种类型。

（1）书写媒体的形态。原始的书写媒体(如泥板、石头、树叶、甲骨、羊皮等)应与图画同生、与文字共进、与智能共演。据说,公元前2400年,在美索不达米亚地区,人们即用泥板来记录和传播信息。人工制作的书写媒体(如简、牍、简策、帛书、帛卷、纸等,以及书写工具笔、墨、砚、刀等)经历了由重到轻、由粗到细、由硬到软的演变。

（2）书写媒体的特点。书写媒体往往是对自然物简单加工而成的。简是写了文字的竹片。牍是写了文字的木板。其加工制作方法是:"竹生于山,木长于林,截竹为简,破木为牍,加以笔墨之迹,乃成。""断木为椠,析之为板,力加刮削,乃成奏牍。"(王充《论

---

① 邵培仁:《传播学导论》,浙江大学出版社,1997年,第232－233页。

衡》)简策就是将多根写了文字和简牍用细绳编连起来的长篇或短篇著作。汉刘向《别录》记载:"孙子书,杀青(指烤干新竹上的水分以防生虫)简,编以缥丝(青白色的细绳)编。"竹木简价廉易得、制作方便,但笨重粗硬、书写不便。据说秦始皇每天批阅的简牍奏章有120斤重,汉代东方朔的一篇奏议竟用了3 000根简。

3. 文字媒体 (印刷媒体)[①]

(1)印刷媒体的形态。印刷媒体的诞生离不开造纸术和印刷术的发明。所谓印刷媒体,就是将文字和图画等做成版、涂上油墨、印在薄页上形成的报纸、杂志、书籍等物质实体。薄页可以是以植物纤维原料经脱水而成的传统意义上的纸,也可以是以矿物或其他化学合成纤维造成的"纸",还可以是人造丝织物,如帛、布等。浙江省一家报社在该报创刊十周年纪念日,就用布加印了1 000份报纸。

(2)印刷媒体的特点。① 借助机器设备可以迅速且大量地印制生产;② 容纳的教育评论信息多且内容广;③ 读者可以自由地决定阅读的时间、地点、速度和方式;④ 可以长期保存,随时取阅,反复研读;⑤ 能适应不同读者的不同兴趣和要求,报纸、杂志、书籍也在日益向"小众化"方向发展;⑥ 印刷媒体的威望较高,专业性较强。其缺点是文化程度低、识字少的人和文盲无法充分使用它和分享其中的信息。

4. 大众传播媒体中的广播媒体[②]

"大众传播媒体"一词是20世纪20年代广播电台出现后才被采用的。这里主要指电子媒体。以电子技术新成果为主发展起来的新传播媒体,统称为电子媒体,如:幻灯、影视、广播、录像、电脑等。

(1)广播媒体的形态。广播媒体不只是指接收媒体(麦克风、

---

① 邵培仁:《传播学导论》,浙江大学出版社,1997年,第234-235页。
② 同①,第236页。

放音机等),还应包括录编设备(录音机、编辑机、扩音器等)和传送媒体(讯号发射设备、天线、电磁波等),这三者有机结合、合理分工,共同构成了广播媒体。就像印刷媒体是对书写媒体的超越一样,广播媒体是对印刷媒体的超越。广播媒体几乎不受空间限制,传播信息瞬息万里,听众范围可遍布地球上的每个角落。

(2)广播媒体的特点。① 可以真实而逼真地记录、复制和控制人类的声音,使稍纵即逝、过耳不留的声音可以留存,也可以用或大或小的声音传播。② 传播信息迅速、及时。无线电波运行速度为每秒 30 万公里(等于绕地球 7 圈半),全球听众可以在同一时间收听同一电台的播音。③ 传播范围广阔无垠,无处不在。可以说,几乎地球上的每个角落都有广播信号覆盖。④ 声音传播一听就懂,易于沟通,适应了不同文化的听众。⑤ 广播媒体既声情并茂、亲切感人,又是一个"从不妨碍我们的朋友"。

5. 大众传播媒体中的影视媒体①

(1)影视媒体的形态。电影与电视都是传播带有声音的移动图像的大众传播媒体。它们声像兼顾,具有双通道优势和现场参与感。电影技术属于光学、声学和机械学的范围,而电视技术则是电子学的范畴。但两者有相互借鉴、取长补短的趋势。电影传播通常要受时间和场地的限制(露天放映须在晚上),且传播范围也有限,而电视传播则不受时间、空间和气候条件的影响,传播范围非常广泛。

(2)影视媒体的特点。① 具有实景画面,这既是影视媒介的特征,也是人类相互沟通、交流的"世界语",它不同于人际传播和广播媒体中的声音,也有别于书写媒体和印刷媒体中的文字,人人一看就懂,一瞥即知,无需翻译,不要解释。② 集声、光、电于一身,汇编、导、演于一体,聚眼、耳、脑于一瞬,主体"发行",全新感受。③ 形象生动逼真,声色优美感人,有很强的感染力和影响力,尤其

---

① 邵培仁:《传播学导论》,浙江大学出版社,1997年,第237页。

能产生一种独特的潜移默化的传播效果。④ 与广播一样,其传播范围广阔,信息传播如"飞电过隙珠翻荷",看得到抓不住,听得到留不住,即使通过录音录像设备记录下来也不便翻看和使用。⑤ 受众接收影视媒体中的信息一定程度上是消极和被动的。

6. 大众传播媒体中的互动媒体①

（1）互动媒体的形态。电脑作为大众传播的互动媒体,一问世即备受青睐,发展迅速,以致有人预言:以电脑为主体的电子报刊将取代普通报刊,新型互动媒体将取代大众传播媒体。电脑、多媒体、信息高速公路,正日益成为信息传播的"生力军"和互动媒体的主体,并成为世界高科技竞争的焦点。如今的互动媒体既集声音、图画、文字、影像等各种符号于一体,又融半导体技术、电子技术、视频技术、通信技术、软件技术等各种高技术于一身,涉及军工、科研、教育、信息咨询、文化娱乐、新闻传播等许多领域,几乎无所不包。

（2）互动媒体的特点。尽管互动媒体的发展面临"不安全、被盗看、盗听和篡改"三大威胁,出现了"色情、暴力和反政治"等有害内容,但人类不会因噎废食,互动媒体不久将会成为一种既自由又守纪的新型媒体,并继续与其他媒体共同成为有益无害的"社会公器"和"人民的幸福事业"。具体来说,互动媒体有以下三个显著的特点:

① 高度的综合性。它将电脑、声像、通信技术合为一体,是计算机、电视机、录像机、录音机、音响、电话机、游戏机、传真机、打印机等媒体性能的大综合,同时又是报纸、广播、电视等大众传播媒体优点的大综合。互动媒体既有印刷媒体的可保存性和可查阅性,又具有电子媒体的新鲜性和及时性,还具有自身的图文阅读性和音像视听性。

② 充分的交互性。过去的人际传播是"点对点"的"对话式"双向传播,大众传播是"点对面"的"独白式"单向传播,互动媒体为

---

① 邵培仁:《传播学导论》,浙江大学出版社,1997 年,第238 页。

人类传播活动提供了第三种传播形式——电子"交互式"的网络传播。这种传播既综合了人际传播与大众传播的特点与优势,又不是两者的简单整合和延伸,而是一种全新的创造。目前已存在的交互形式有:交互式 CD、交互式电视、电子信箱、电脑购物、电脑会诊、电脑查询、电子游戏,以及网络上的小组讨论、口声邮递、自学辅导等。

③ 方便性和快捷性。通过互动媒体传递和交流信息,不需要纸张,不需要印刷、投递,也不需要广播电视节目发射时必备的昂贵而复杂的设备,它是将信息拨号入网,在通讯线路上进行自由传送,不分地区,不论国界,随传随至,既方便快捷,又节省钱物。互动媒体正在变成像电台和电视台一样的大众传播媒体。

7. 教育评论媒体的选择

随着时间的推移和竞争的加剧,印刷媒体、广播媒体、影视媒体和互动媒体之间,必然会进一步相互借鉴、取长补短,以共创教育评论大众传播媒体的辉煌。

(1)选择教育评论媒体的原则。在具体的教育评论活动中,选择传播教育评论信息的教育评论媒体时,要遵循如下原则:其一,选择能实现教育评论目的,能达到最优教育评论效果的教育评论媒体。其二,选择易于被教育评论受体(即大众)所接受教育评论媒体。其三,选择适合于教育评论形态的教育评论媒体。其四,选择适宜于教育评论文体的教育评论媒体。其五,选择符合教育评论主体需要的教育评论媒体。

(2)教育评论媒体选择的多样性。当然,任何一种教育评论媒体都有自己的优点和局限,同样,任何教育评论家在教育评论媒体的利用方面都有自己的长处和不足,任何教育评论文体都有其对媒体的倾向性,任何教育评论形态都有它适应的教育评论媒体,等等,这些都为教育评论媒体的选择提供了多种可能。我们只有把各种因素综合起来,以教育评论能否达到最佳效果为尺度,才能选择出最合适的教育评论媒体。

第六章 教育评论活动的形态与分类

教育评论活动是教育评论学研究的一个不可缺少的重要方面。教育评论形态是教育评论学研究的理论问题之一。教育评论形态的划分依人们视点的不同而万紫千红,不过以传统的"哲学式"眼光切入,一分为二地划分最为简便。从主体着眼,可以按教育评论主体的不同加以细分;从客体着眼,可以按教育评论客体的异同来分类。这里按教育评论主体分类,将教育评论分为大众教育评论、专家教育评论和行家教育评论三种形态。① 大众教育评论的主体多是直接参与教育活动较少,没有系统地研究过教育的非教育行业人士,其客体多是一些新近出现的教育问题,并且评论只能提纲挈领地从局部展开。面对教育问题进行纵深的分析和全面的系统评论,大众教育评论显然是力不从心的。这时候,就需要专家教育评论和行家教育评论大显身手。

一、大众教育评论

大众教育评论是指普通大众对教育文化的议论和评说。教育评论的主体是普通大众,包括不以教育评论家和教育专家身份出现的所有大众。为了研究方便,在此将大众分为普通老百姓、政府官员、新闻工作者和学者,并分别论述其教育评论形态。

1. 普通百姓的口头教育评论

(1)教育是与普通百姓关系密切的一种人类活动。初民社会,普通老百姓与教育文化的联系体现在人人都是教育文化的主体与客体;在文明社会,这种联系则要由人人离不开教育评论来体现。教育的任何微弱变动都会牵动全社会,触及千家万户。教育的每项改革都会成为大众竞相议论的话题,这种"议论"就是口头教育评论。

(2)口头教育评论是普通百姓与教育文化保持积极联系的方

---

① 刘尧:《论教育评论形态》,《教育学术月刊》,2007 年第 7 期。

式。现代社会普通百姓就是通过教育评论这一价值判断活动参与到教育文化建设中来的。但这种由教育评论所体现的联系只有在判断产生了"议论"（教育评论）的情况下才是积极的。一个人看到一个教育问题之后一言不发，也许是沉静思索，也许是毫无感受，但无论是哪种情况，都无法对教育文化建设产生积极而直接的促动。在现代文明社会里，虽然绝大多数的人并不从事职业性的教育文化活动，但这并不是说教育文化与他们毫无关系。恰恰相反，教育工作者在教育文化建设中所付出的创造性精神劳动能否得到认可，主要取决于作为评判者的普通百姓对教育文化的接纳程度。

（3）口头教育评论的主体是谁？无论是什么人，只要乐意并能议论教育问题，那你就是口头教育评论的主体。这并非将教育评论庸俗化，而是因为口头教育评论是一种广泛而有趣的评论。事实上，口头教育评论的主体不一定对所评教育文化有多少了解和研究，他们只是有兴趣参与别人的议论，表达个人的激动、失望或愤慨，从议论中获得信息、形成观点、提取看法。"议论"的过程，既是不同的评论主体之间心灵碰撞和思想对话的过程，也是评论主体自身精神视界相互融合升华提高的过程。口头教育评论一旦付诸文字，便突破了即时性和随意性的局限而具有相对稳定性。

2. 新闻工作者的时事性教育评论

（1）教育文化是新闻工作者关注的社会领域之一。报刊、广播、电视、网络等传播媒介的新闻工作者都密切关注着教育文化活动，并通过传播媒介把教育文化活动状况告诉社会大众。教育文化的任何变革都是传播媒体竞相报道的焦点，是新闻工作者通过传播媒体竞相评论的话题，这种评论就是时事性教育评论。

（2）时事性教育评论是新闻工作者与教育文化保持积极联系的方式。新闻工作者通过传播媒体发表自己对教育文化活动的看法（包括采写的新闻报道），参与教育评论活动，指导教育文化实践。时事性教育评论以其迅速、简明、规范诸特点，并得媒体传播之便,成为教育评论活动之先锋,带动教育评论活动的开展。

3. 政府官员的政策性教育评论

(1)教育权由政府控制。人类社会进入有文字记载的文明时代以来,教育作为一种社会活动一直受到政府的干预甚至完全控制。中国封建社会就有"学在官府"之说,教育主要是为统治阶级服务,目的是培养统治人才。到了现代社会,教育的目的虽然不只是培养统治人才,而是培养社会发展所需要的各类建设人才,但教育权实质上仍然由政府控制。

(2)政府官员对教育的评论代表了统治者的意志。政府官员作为政府的代言人,对教育文化有着特殊的评论权,这种特殊的评论权就是以政府公文(包括文件、报告、讲话、公报等)的形式来规范和指导教育文化的发展。政府官员对教育的评论内容多为教育战略、规范、决策,具有强迫性、制约性和导向性。政府官员对教育的评论是一种岗位职务行为,不是个人的行为,它代表了统治者对教育的意志。所以,这种评论往往是某一时期教育发展的纲领,也左右着其他教育评论的方向。

4. 学者的学术性教育评论

(1)学者有独特的眼光。学者历来是人类文明进步的推动者,教育又是人类文明的必由之路。因此,学者总会以自己敏锐的学术眼光审视教育文化,进而站在自己的学科对教育文化发出深刻的学术性评论。

(2)学者有学科的视角。学术性教育评论是学者站在自己的学科视角审视教育文化,对教育文化发出有一定深度且能够影响该学科教育发展的独特见解。相对于口头教育评论而言它是书面的,相对于新闻性教育评论而言它是系统的,相对于政策性教育评论而言它是学术的,这种教育评论是其他教育评论的基础和依据。

二、专家教育评论

从根本上说,教育评论是人们在审视教育文化之后的理性思考和价值判断。因此,任何一个具备起码的思考评判能力且又审视了教育文化的人,都可以成为教育评论的主体。思考评判能力是人之为人的一种最基本的能力,无论高低强弱,人人都有,人人都不得不具有。所以,教育评论从来不是,也不应该是职业教育评论家的专利。除上述大众教育评论外,以教育文化活动为基本生存方式的教育工作者,站在教育职业的视角开展的教育评论就是专家教育评论。

1. 专家教育评论的含义

专家教育评论是指从事教育职业的非教育评论工作者,尤其是教育科学研究工作者以教育工作者的眼光对教育进行审视后,进行的理性思考和价值判断。我们很容易看到,在思考评判教育文化的能力方面,教育工作者与非教育工作者有较大差异。由于教育工作者对教育有直接的参与和研究,教育科学修养较高,教育理念系统而全面,对教育文化进行审视后,会作出专业性的议论和评判。

2. 专家教育评论的特点

专家教育评论本身就是对教育文化的创造和发展,它所给予人们的东西是多方面的。首先,它有助于人们对教育文化进行深入而全面理解,准确而见解独地把握教育文化的内涵和价值,避免肤浅平庸的理解及一切谬解、误解。其次,它为大众教育评论进一步思考和评判教育文化提供了富有启发性的新观点、新方法和新知识,能够引导大众教育评论向客观、科学的方向迈进。再次,也是最基本、最重要的一点,专家教育评论作为新的教育观点,使得教育工作者在享用的过程中通过潜移默化的作用,提高自己的教育文化修养,进而推动教育文化事业的发展。

3. 专家教育评论的不足

专家教育评论是教育工作者"自己对自己"教育文化活动的评论。虽然较之大众教育评论是系统而专业的,具有较大的社会意义和较高的学术价值。但是,我们不能不看到专家教育评论难免会有"不识庐山真面目,只缘身在此山中"的偏颇视角和"王婆卖瓜,自卖自夸"的偏颇立场,这就在一定程度上难以做到客观、公正、准确。因此,需要一些自己不直接从事具体的教育教学活动,仅以评判教育文化作为职业的教育评论家。

三、行家教育评论

以教育评论为职业的教育评论家所从事的教育评论,我们称之为行家教育评论。行家教育评论就是指教育评论家站在客观、公正的立场上,对教育文化进行全面而系统的审视,并作出科学的评判。从逻辑上说,教育评论家应该而且只应该是那些具备从事精辟教育评论的能力,又正在从事着这种高品位的教育评论实践的人,只有他们才具有以教育评论作为职业的资格。

我们强调行家教育评论,并不是要独树教育评论的专门性特质而忽视它的普遍性,更不是要人为地割断职业性行家教育评论与日常性大众教育评论和专家教育评论之间原本具有的联系。其实,专门性的"精辟教育评论(行家教育评论)"正是建立在日常性"原生教育评论(大众教育评论和专家教育评论)"这一坚实雄厚而又博大无比的基础之上的,一旦脱离了这个基础,它便成为一潭毫无生机的死水。

1. 教育评论家的特点

行家具备相当的教育科学修养、科学精神以及不同凡响的学术敏感性与清晰思考力,从而使他们获得了对教育文化议论、评判的权力——他们通过多种媒体对教育文化进行评论。教育评论家经过专门的教育评论训练,具有比较渊博的知识,在作评论时擅长旁征博引,能在分析、评判的基础上提出新的理论建树。教育评论家渊博的知识和正直的品德固然重要,但他们无所畏惧的创新精神和良好的感觉悟性更是不可或缺。这就意味着:那些只能按所谓既定方针行事、根据指令性计划活动、除了"贫血"的理念之外别无所有的教育评论家,是没有资格和天赋从事这项工作的。

2. 教育评论家的使命

对于一个真正的教育评论家来讲,他们的使命并不是对已有的经验现买现卖,而是从那些新生的教育文化里提取出崭新的教育经验。他们的任务也并非给教育文化分门别类地贴上从教育评论的仓库中取出来的各式各样的标签,而是引导社会大众和自己一起对活生生的教育文化作出理解和判断。为了完成这些任务和使命,教育评论家首先得学会尊重现实、尊重教育文化。因为同教育实践的鲜活色彩相比,理论总是显得有些呆板与苍白,过去的经验也总是或多或少蒙有各种灰尘。

3. 教育评论家的作用

教育评论家评论的对象多是一些重大的教育问题,评论的着重点多在教育的社会价值和科学价值,评论的形式多采用学术论文的形式,评论的载体一般是教育科学研究报刊或大学学报,阅读对象也多是教育科研人员和教师。行家教育评论是教育评论的主导力量,对大众教育评论和专家教育评论,具有指导和规范作用。另外,它是教育文化健康发展的守护神和推动力。要达到上述目的,教育评论家要做到以下几点:一要积极吸收大众教育评论和专家教育评论的精华,不要孤芳自赏;二要面向教育实践,实事求是,不要故步自封;三要言简意赅,通俗易懂,不要繁琐考证、学究气十足。

四、三种教育评论形态之间的关系

大众教育评论、专家教育评论和行家教育评论是教育评论的三种形态,它们一起构成教育评论这座雄伟的"金字塔"。

三种教育评论形态中,大众教育评论是基础;专家教育评论是在大众教育评论基础上的专业性评论,是行家教育评论的基础;而行家教育评论则是立足于大众教育评论,建立在专家教育评论之上的灿烂辉煌的"教育评论金字塔"的塔顶。三种形态的关系如图 6-1 所示。

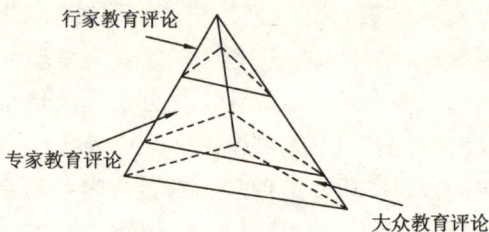

图 6-1　教育评论金字塔

由上述可见,教育评论只有形态的不同,没有高低、贵贱之别。只有三种教育评论形态得到充分的协调发展,才能构成教育评论这座坚不可摧的"金字塔",也才能使行家教育评论更加耀眼夺目,发挥更大的作用,进而推动教育文化的健康发展。

五、教育评论的分类

对教育评论进行分类是认识教育评论内部结构的一种方法。人们对教育评论进行分类的目的不尽相同,有的着眼于实际运用,有的着眼于有利于研究,有的则从有利于写作出发。这里对教育评论的分类提出几种意见。

1. 按教育评论主体分类

可以把教育评论分为三类:大众教育评论、专家教育评论、行家教育评论。教育评论的类别与从事教育评论的主体相对应。大众教育评论是指普通大众对教育文化的议论和评说。教育评论的主体是普通大众,包括不以教育评论家和教育专家身份出现的所有大众;专家教育评论指从事教育职业的非教育评论工作者,尤其是教育科学研究工作者以教育工作者的眼光对教育进行审视后,进行的理性思考和价值判断;行家教育评论是指教育评论家站在客观、公正的立场上,对教育文化进行全面而系统的审视并作出科学的评判。

2. 按教育评论客体分类

可以把教育评论分为三类:教育著述评论、教育思潮评论、教育人物评论。教育评论类别与教育评论客体相对应。教育著述评论是指对确定的教育著述的评说和议论。教育著述可以是一份,也可以是多份,但评论主要是评说和议论教育著述所论述的教育问题;教育思潮评论是指对有明确内涵和方向的一类教育思想、观点、流派和相应的实践的评说和议论。教育评论的客体是弥漫在教育界的、无形的但却影响着教育行为的教育思潮;教育人物评论是指对从事教育文化工作的人物的评说和议论。教育人物可以是个体的教师或教育家,也可以是群体的教师队伍。

3. 按教育评论媒体分类

可以把教育评论分为四类:报刊教育评论、广播教育评论、电视教育评论、网络教育评论。教育评论类别与教育评论媒体相对应。报刊教育评论是指通过报刊发表的(文字)教育评论文章;广播教育评论是指通过广播传播的有声教育评论节目。因广播节目制作的多样性,教育评论不一定以文章的形式出现,而可以通过多种形式传播教育评论观点;电视教育评论是指通过电视手段传播的对教育文化进行评论的节目。电视是一种声像艺术,可以采取极为直观的、灵活的、活泼的手法对教育进行评论;网络教育评论是指通过电脑网络传播的教育评论观点。网络可以通过发表网络文章,进行访问等多种方式对教育文化进行评论。

4. 按照教育评论文体分类

可以把教育评论分为四类:学术性教育评论、评介性教育评论、信息性教育评论、艺术性教育评论。教育评论类别与教育评论文体相对应。学术性教育评论是指从教育科学的角度,对教育文化进行的科学性评论;评介性教育评论是以对教育评论客体的推荐为主要目的的一种评论;信息性教育评论是把教育评论客体作为信息主体报道出去的一种评论;艺术性教育评论就是运用艺术手段对教育文化进行的一种评论。

5. 按教育评论论体分类

可以把教育评论分为三类:立论性教育评论、驳论性教育评论、争鸣性教育评论。教育评论类别与教育评论论体相对应。立论性教育评论是以证明教育评论主体的观点为主的教育评论;驳论性教育评论是以反驳教育评论客体的错误观点为主的教育评论;争鸣性教育评论是既"驳"又"立"的教育评论。

6. 按教育评论性质分类

可以把教育评论分为三类:批评式教育评论、褒扬式教育评论、商榷式教育评论。教育评论类别与教育评论性质相对应。批评式教育评论是以否定教育评论客体为主的教育评论;褒扬式教育评论是以肯定教育评论客体为主的教育评论;商榷式教育评论是对教育评论客体的辩证评论,既肯定优秀的成分,又否定不良的因素。

7. 按教育评论形式分类

可以把教育评论分为四类:阐述性教育评论、解释性教育评论、判断性教育评论、综合性教育评论。教育评论类别与教育评论形式相对应。阐述性教育评论是指教育评论主体对教育评论客体的分析加以明晰化和系统化所形成的评论;解释性教育评论是指教育评论主体根据自己的理解对教育评论客体作出解释形成的评论;判断性教育评论是指教育评论主体对教育评论客体在解释的基础上,对教育评论客体的倾向和价值等作出判断形成的评论;综合性教育评论既是阐述的,又是解释的,同时也是判断的。

六、教育评论活动

教育评论活动是教育评论学研究的一个不可缺少的重要方面。教育评论活动应包括确立教育评论目的、确立教育评论参照体系、获取教育评论信息和形成教育价值判断四个主要环节。[①]

1. 确立教育评论目的

教育评论目的指进行教育评论的理由，所回答的是为什么要进行教育评论的问题。教育评论是人类对教育的一种认识活动，但它与认识教育"是什么"的认识活动不同，它是一种以把握教育的意义或价值为目的认识活动，即它所要揭示的不是教育是什么，而是教育对于人和社会意味着什么，教育对于人和社会有什么意义。所以，教育评论是一种以揭示教育的价值观念和客观地建构教育价值世界为目的认识活动。教育评论的目的是揭示教育价值或预测教育价值。在现实生活当中，人们开展教育评论的理由是复杂的，但从理论抽象的角度来说，可以概括为以下两类：其一称之为合规律，就是判断教育活动是否符合教育规律；其二称之为合目的，就是判断教育活动是否满足人和社会的需要。教育评论目的的确立在教育评论活动中具有至关重要的作用，这表现在，它制约着教育价值主体、教育评论视角、教育评论视域和教育评论标准的确立，从而制约着整个教育评论活动。

2. 确立教育评论参照系统

教育评论参照系统的确立是进行教育评论活动的前提。教育评论的参照系统是教育评论主体作出教育价值判断所参照的条件。包括教育价值主体、教育评论视角、教育评论视域和教育评论标准四个方面。教育评论参照系统中，首先要确定教育价值主体。教育价值主体的需要处于教育价值关系中的支配地位，它是衡量

---

① 　冯平：《评价论》，东方出版社，1995 年，第 81 – 114 页。

教育价值客体价值的尺度。对于具有不同需要的教育价值主体而言,同一教育价值客体具有不同的价值。其次要确定教育评论视角。教育评论视角是教育价值关系中的主体与客体的交汇点。在教育评论活动中,教育评论主体所选定的视角不同,教育价值客体则向教育评论主体显现出不同的景致。再次要确定教育评论视域。教育评论视域是教育评论主体所选择的判定教育价值客体价值的比较范围。在教育评论活动中,即使是从同一视角对同一教育价值客体作出评论,假若评论视域不同评论的结论也将不同,有时甚至相反。最后要确定教育评论标准。教育价值主体的需要是确立教育评论标准的基础。教育评论主体所理解的教育价值主体的需要以教育评论标准的形式起着衡量教育价值客体意义的作用。教育评论活动中最深刻的差异,就是由教育评论标准的差异所引起的差异。

3. 获取教育评论信息

教育评论信息是指由教育评论目的约束的、教育评论参照系统所要求的,有关教育价值主体、教育价值客体及参照客体的信息。获取教育评论信息是指获取有关教育价值主体、教育价值客体与参照客体的信息。首先是获取教育价值主体的信息。实质上就是把握教育价值主体的需要。把握教育价值主体的需要,不仅要知道教育价值主体希望什么,还要知道其需要什么,知道其最迫切需要的是什么;不仅知道其今天需要什么,而且要知道其明天需要什么;不仅要知道其向往什么,而且要知道其应该向往的是什么。只有做到这几点,才能说把握了教育价值主体的信息。其次是获取教育价值客体的信息。就是根据教育评论目的,以教育评论视角为直接尺度,经过信息筛选和信息解释取得不同类型教育价值客体信息。再次是获取参照客体的信息。参照客体是可以用来与教育价值客体比较的客体。在与不同参照客体相比较时,教育评论的结论会是不同的。教育评论的结论除受到对教育价值客体、教育价值主体信息的制约之外,还受到参照客体信息的制约。

4. 形成教育价值判断

教育价值判断是教育评论主体经过一系列的评论环节而得到的关于教育价值客体与教育价值主体价值关系的结论。对教育价值客体作出教育价值判断,主要有以下几个步骤:首先,确定教育评论标准体系。教育评论标准体系是进行教育评论的依据,教育价值判断就是根据教育评论标准体系而作出的判断。其次,以教育评论标准体系衡量教育价值客体。一般要将教育价值客体依据教育评论标准进行分解,以教育评论标准衡量教育价值客体,得出关于教育价值客体的综合评论结论。再次,以对教育价值客体的教育评论标准与评论方式,对参照客体进行评论,得出关于参照客体的综合评论结论。最后,将教育价值客体和参照客体的综合评论结论进行分析比较,作出关于教育价值客体的教育价值判断。

七、教育评论信息容量的层次

教育评论所起的一切作用都与它的信息容量有关。保证教育评论提供足够的信息并扩大信息容量,使之发挥更大的效力,是教育评论家的理想追求之一,也是教育评论学应关注的重要内容之一。[1]

1. 教育评论信息容量的三个层次

(1) 信息容量的第一层次。信息容量的第一层次是最基本的教育文化信息,包括具体的教育文化的名称及内容,教育文化主体,教育文化媒体发生作用的时间、范围及相关背景信息等。这一层次是教育评论构成要素的横断面,它向教育评论受体展示教育文化相关信息的完整面貌,构成教育评论的时空特征,是教育评论信息容量的浅表层。据此,教育评论受体可以获得教育文化信息的检索渠道。可以确定,只要是教育评论便具备信息容量的基本层次。但绝不是具备这些基本信息的全都是教育评论,如教育文化介

---

① 刘尧:《教育评论的信息容量与质量》,《教育与现代化》,2002 年第 3 期。

绍。因此,教育评论信息容量还必须包括第二层次和第三层次。

（2）信息容量的第二层次。信息容量的第二层次是教育评论主体的评说和议论,具有概括性和解释性特点,是教育评论主体全面深入研究教育文化后的总结提炼。教育评论受体会从中得到关于教育文化内容信息的完整面貌。这是信息潜移默化的移位,无形中开阔了自身的时空领域,使信息容量较之第一层次得到扩大。

（3）信息容量的第三层次。信息容量的第三层次是在有限的文字里给人以思考的余地和思维驰骋的空间。它不仅总结教育文化的内容特点和学术价值,而且能提出一些问题与教育文化主体一起探讨,或让教育文化主体与教育评论受体去思考,把教育文化引向深入。信息容量的第三层次具有不确定性和无限性的特点,是教育评论的灵魂。

2. 信息容量三个层次的关系

信息容量的三级层次划分带有人为性,但其并非人的主观臆想的产物,而是不以人的意志为转移的客观存在。三个层次划分的目的是提高教育评论质量,使教育评论提供的信息不仅仅是真实、可靠的,而且能够得到增值和升华。因此,教育评论信息容量还表现为质量上的差异,是衡量教育评论家的分析水平、思维高度和创造能力的尺度。三个层次分别表现为平庸的教育评论、一般的教育评论和创造性的教育评论三种水平。

八、教育评论信息容量的质量

所谓教育评论信息容量的质量是指教育评论信息容量的优劣程度。站在不同教育评论受体的角度,评判教育评论信息容量的质量是不一样的。

1. 信息容量第一层次的质量

信息容量第一层次是构成完整教育评论的必要内容,是教育评论信息在量上的表现。无论是创造性的还是平庸的教育评论,缺少这个"量"便失去了依托,既是对教育文化主体、教育文化媒体的不尊重,也无疑使教育评论受体少了一些信息来源。教育评论受体常常是以教育评论信息为依托,去寻找他们所需的教育文化资源的。它是教育评论主体传递给教育评论受体的必要信息,最具质量。

2. 信息容量第二层次的质量

每位教育评论家的个性和领悟力、知识结构和理论修养是有差异的。同一教育文化在不同的教育评论家看来,标准有差异,语言也色彩斑斓,表述文字上的差异且不谈,时代的影响是尽人皆知的。某一教育文化在一个时代里可能被全盘否定,而在另一个时代里则可能被肯定。另外,评论的角度不同,信息容量的质量评定也没有固定的标准。由此可见,在信息容量的第二层次中,质量是一个变量,具有弹性和灵活性。在每位教育评论家那里都有各自的好坏优劣标准,但这并不意味着这一层次里信息容量的质量不易把握。只要以马列主义为基础,以历史唯物主义和辩证唯物主义为指导,以真、善、美为标准,开展百家争鸣,敢于发表个人见解,便是这一层次信息容量的最优质量。

3. 信息容量第三层次的质量

信息容量第三层次的质量,或是一个未知数,或是一个无穷大。未知数是指最终被教育评论受体接受、感知、领悟的内容的程度是不确定的。无穷大是指教育评论受体通过教育评论所产生的思想上的飞跃。如果教育评论家本身思维活跃,超越了教育文化主体,必定会启示教育评论受体以小见大,触类旁通,牵一发而动全身。这可谓是教育评论效果的最佳境界。

九、教育评论信息容量的开发

从以上分析可以清楚地看到,教育评论信息容量的三个层次揭示了教育文化的面貌,它遵循一条由浅入深、由表及里、从小到大的行进路线,在空间上越来越开阔,在质量上追求至善至美,给人以无限启迪的境界。因此,开发教育评论信息容量具有一定的理论价值和实践意义。它是提高教育评论质量的有效方法,是教育评论家的责任和义务,也是教育评论家才学和素质的检验标准。有效开发教育评论信息容量必须经过以下程序:

第一,筛选教育文化信息。教育文化包含无数个信息,教育评论家应该谙熟教育评论所要求包括的必要信息,即教育文化的内容、名称,教育文化主体、媒体,教育文化的时空限制等信息单元,选择最能代表教育文化的标志信息并在评论文章中反映出来,达到教育评论信息容量的第一层次,所有信息均要求准确、新颖、明朗。

第二,归纳和提炼教育文化信息。教育评论家要系统、深刻地领会教育文化,归纳、提炼教育文化的本质内容,估量教育文化的实际价值,这是开发信息容量的重要步骤。教育评论的前提是理解教育文化,研究教育文化是评论的必要准备,教育评论是研究教育文化过程的发现。只有深入研究教育文化,才能就教育文化从学术观点、价值判断、思维方式等方面发现问题并加以评论。教育评论应充分体现教育评论家的教育鉴赏能力,识别教育文化的内在精华和真正价值,并渗入审美意识,为教育评论的科学性、教育性、审美性奠定基础。

第三,消化和增值教育文化信息。只有当教育文化信息内容被教育评论家完全、准确地认识之后,才会被理解和接受。这是教育评论家最有心得的感言,新颖的评论角度与问题能够察常人所未发常人所未言之所在。教育评论家在体味教育文化信息的同时,渗透了自身的感受,联络了有关教育文化信息的横向与纵向关系,使信息内容不仅有了量的增加,而且也发生了质的变化。这时的教育评论家极有可能摆脱教育文化的框架,产生超常的新思路,进入耐人寻味、发人深省的新境界,在意识领域里发生跳跃式的升华,在教育评论信息里给教育评论受体更宽阔的天地,达到扩大和增值信息容量的目的。

第七章 教育评论文章的选题与论证

DIQIZHANG　JIAOYUPINGLUN WENZHANG DE XUANTI YU LUNZHENG

教育文化源远流长,浩如烟海,有文字记载的教育历史文献且不说,仅每年出版的著作和刊发的论文已数不胜数。除此之外,还有各种会议交流、各种学术组织内部交流的教育文献以及各级政府的教育政策、法规、条例和社会上大量存在的纷繁的教育现象。在如此纷繁的教育文化中,选择什么样的教育问题进行评论,是开展教育评论的第一步。①

一、教育评论文章的选题

教育评论家能否有所作为,就看他们是否选择到了有价值的教育问题并对其进行了科学的评论。就是说选题对于写好教育评论文章很重要。选题要有标准,对于那些有利于教育文化健康发展的问题应当积极地宣传和推荐;对于那些背离教育科学理论的、有碍社会与教育发展的问题应坚决予以批评。选题是一项十分艰难的工作,从某种意义上看,确立选题如同科学发现。教育评论家要选择到好的、适合自己评论的教育文化问题,就要经常关注教育文化以及人们对教育文化的反应,在切实掌握这些信息后确定选题,写出有分量的教育评论文章。选题应从以下视角进行考虑:

1. 选择符合时代要求的优秀教育文化问题

向教育界乃至社会各界推荐优秀的教育文化,使其发挥更大的作用,这是教育评论家应尽的义务和义不容辞的责任。优良的教育文化很多,教育评论家应结合时代与人的发展需要,选择最具有典型性的教育文化问题进行研究和评论。

2. 选择那些不健康的教育文化问题

对内容不健康的教育文化进行批评,是教育评论家的重要工作领域。若缺少对不健康教育文化的诊断和治疗,教育健康发展将会打上一个大问号。"文革"期间,教育的政治色彩被极度强化,

---

① 刘尧:《谈教育评论的选题视角》,《教育创新》,1996 年第 3 期。

造成长达十年的教育荒废。近些年由于过分夸大教育的经济功能,造成教育中"无人"、"无德"的现象,使教育中出现"人性失陷"和"道德滑坡"。这些不健康的重大教育问题都是教育评论家应该关注的。当然,在对某些不良教育文化进行批评时,要辩证地看问题,力戒肯定一切和否定一切的教条主义文风。我们提倡实事求是的辩证的分析和恰如其分的批评。

3. 选择那些覆盖面大、影响大的教育文化问题

每位教育评论家都希望自己的评论能产生较大影响,发挥更大的作用。在选择教育问题时,就要注意选择那些波及面广的教育问题进行评论。如当前社会上流行极为广泛的独生子女教育问题、学前教育问题、素质教育问题、教育公平问题、教育质量问题等都是一些影响到教育界以外、社会各界都关注的教育问题。教育评论家如选择这些问题进行评论,分析这些教育现象产生的原因及其发展趋势,如何对待,等等,这样的教育评论文章必然会产生较大的社会影响。

4. 选择自己较熟悉的教育文化问题

教育评论家要深入地分析和评论教育问题,必须对所评教育问题有深入的理解和研究,这样评论才能深入而确切。教育评论家要站在比别人高的角度,这样才能写出有指导意义的教育评论文章。比如:熟悉高等教育者,可选择高等教育方面的问题进行评论;熟悉教育法规者,可选择教育法规方面的问题进行评论;精通教育基本理论者,不妨选教育基本理论方面的问题进行评论;经常关注大众教育现象者,不妨选择大众教育问题进行评论;对外国教育了解较多者,可以进行外国教育评论或跨文化比较教育评论;等等。

5. 选择有争议的教育文化问题

教育上常有一些存在争议的问题,教育文化也正是在对这些问题的争议过程中得到发展的。对于有争议的教育问题,教育评论家要及时收集有关争议各方的信息进行全面、深入、客观的分

析,然后站在公正的立场上,对争议的过程、方向及教育问题本身进行评论,促使争议获得圆满的结论。

6. 选择自己感受最深刻的教育文化问题

教育文化纷繁而多彩,教育评论家应选择自己印象最深刻、感受最强烈的教育问题进行评论。教育评论是对教育文化的再创造和再加工过程,教育评论家对所评的教育问题必须"有明确的是非,有热烈的好恶",这样才能写出有分量的教育评论文章。

二、教育评论文章的特点

教育评论文章是不是教育科研论文? 如果是,它与教育科研论文从形式到内容上有些什么区别? 教育评论是教育科研的一种类型,如果说教育科研是解决教育"是什么"、"为什么"、"怎么办"的问题,那么,教育评论则是要回答教育"怎么样"的问题。因此,教育评论家要能在对教育"是什么"、"为什么"、"怎么办"有清楚认识的基础上,对教育文化作出"怎么样"的判断,这个判断的书面形式就是教育评论文章。教育评论文章的特点如下:[1]

1. 教育评论文章有自己的理论依据

教育评论是教育科学的一个领域,有自己的理论体系——教育评论学。正如毛泽东在《实践论》中指出的:"实践若不以革命的理论为指南,就会变成盲目的实践。"我们有大量的教育评论实践活动,有丰富的感性认识,有历史的积累,也有现实的经验,现在已经初步抽象上升为理论,出版了《教育评论学》等相关的教育评论著述,对我们认识教育评论的意义,把握教育评论的规律,遵循教育评论的原则,运用教育评论的方法,撰写教育评论文章提供了基本的理论依据。

---

[1] 刘尧:《论教育评论文章的章法》,《教育创新》,1998 年第 4 期。

2. 教育评论文章是科研活动的成果

"教育评论活动是一种教育科研活动,它的直接结果是鉴别、评判教育文化的优劣,进而对教育界产生社会舆论导向作用。"[1]教育评论文章是这种教育科研活动——教育评论活动的书面成果,是对某种教育文化进行鉴别、评判后所撰写的"评判书"。教育评论也要讲究科学的态度,坚持实事求是、以理服人,但教育评论文章与其他教育科研论文不同,它主要是对教育文化作出实事求是的价值判断的评论文章。评论文章既要讲学术质量,又要讲"艺术"质量,在学术上和"艺术"上都要有说服力。

3. 教育评论文章有自己的要求

教育评论文章不同于其他教育科研论文。首先,教育评论文章是由教育评论作为教育文化接受的中介所具有的反馈和导向功能所决定的,教育评论家必须掌握党的教育方针、政策,熟悉教育实践和不同教育受体的需求。其次,教育评论文章对所评教育文化的价值判断和表达,是对教育文化主体潜层思想的挖掘和外化,有时甚至要挖掘到一般人(包括教育文化主体)可能都没有意识到的深刻底蕴,进而对教育文化客体进行有意引导。再次,教育评论家具有更为广阔的学术修养与和艺术修养,写出的教育评论文章既具有逻辑思维的严密,又富有形象思维的灵活,是包含深邃思想光辉的"散文"。

4. 教育评论文章有自己的章法

教育评论文章虽然是教育科研论文的一种,但其章法与一般的教育科研论文有所不同。教育评论文章的突出特征是:以科学性为主,科学性与"艺术性"结合,"艺术性"为科学性服务;以评为主,"评"与"介"结合,"介"为"评"服务;以求真为主,求真与求善、求美相结合,求善、求美为求真服务。以上可谓是教育评论文章的

---

[1]　刘尧:《建立教育评论学学科体系初探》,《教育学》(中国人民大学),1995 年第 12 期。

章法,具体评论可"随机应变",不必严守章法。

三、教育评论文章的类型及其基本规范

从总体上看,教育评论文章大体可分为两类:一类是以整体的、宏观的教育文化为评论对象的宏观教育评论文章;另一类是以某一具体教育文化为评论对象的微观教育评论文章。前者偏重于对教育思潮、教育热点问题、教育发展趋势、教育现象等作出分析、预测和评价;后者立足于对具体的教育问题进行横向比较和纵向分析,从而对具体教育问题作出权威性评价。从现状来看,虽然两类教育评论文章所评论的对象不同,但都有以下几项共同遵守的基本规范:

1. 要坚持以社会主义教育理论为指导

当前,就是要坚持以毛泽东教育思想和邓小平教育理论为指导,树立正确的评论观和写作思想,反对各种错误倾向,帮助教育文化主体解决教育文化存在的深层次的问题,引导社会大众选择和利用有益于自己的教育文化。要正确处理继承民族优秀教育文化传统和借鉴外来教育文化;弘扬主旋律和提倡多样化;不搞无谓争论和开展健康的教育争鸣等一系列关系。要加强正面引导,坚持重在建设的原则,对有缺失的教育文化要秉笔直书,真诚帮助;对错误的教育思潮和不良倾向,要敢于批评,以理服人。

2. 要用科学精神来冲刷人类教育文化

当前,我国正处在经济社会转型期,社会中一些不良风气在教育界也有所反映,出现了浮躁之风和急功近利等问题。科学精神的缺失是导致这些问题产生的主要原因之一。教育评论家如果没有质疑、批判、严谨、开拓、创造和进取的科学精神,就不可能写出好的教育评论文章。因此,教育评论家不能囿于对教育文化的欣赏与判定,要从热衷于作单向度的价值评判与廉价的贴金走向多元化,在科学精神的探索中质疑教育文化,寻求多元化的思想交锋

与对话,跨过教育文化庸俗或媚俗的陷阱。

3. 以整体的观点全面分析教育文化

这里包括三个基本要素:其一,无论宏观教育评论还是微观教育评论,其文章都必须包括最基本的关于所评教育文化的信息。这是教育评论文章构成的横断面,它向读者展示被评教育文化相关信息的完整面貌。其二,教育评论家通过全面分析教育文化后的评论,具有浓缩性和解释性的特点。教育评论家根据自己的个性和领悟力,以毛泽东教育思想和邓小平教育理论为指导,依照时代对教育文化的评价标准,发表自己对所评教育文化的见解。其三,在有限的教育评论文章里给人以思考的余地和思维驰骋的空间。这是教育评论文章的灵魂,对教育评论文章起着画龙点睛的作用。

四、教育评论文章的立论

教育评论文章立论也称立意、立义,是指确立教育评论文章的中心思想,一般说来,就是确立教育评论文章的中心论点或总论点。① 要写好教育评论,在准备阶段除了选好论题,还要在立论上下工夫,认真提炼和推敲论点。立论要客观公正和新颖之外,还应该力求做到论点鲜明、集中,给读者以突出的印象,如把论点凝练成一两句精妙动人的话,放在关键的位置,真正做到"片言居要";或进一步穷究物情,深察幽微,深入事理的内核,做到论点深刻;等等。这是对立论的全面要求,也是立论努力的方向。

1. 论点的结构

论点是教育评论主体对教育评论客体看法的集中表现。如果教育评论客体比较复杂,会有中心论点和分论点,分论点是支持中

---

① 刘尧:《教育评论的立论方法》,《青海师专学报(哲学社会科学版)》,2000 年第1 期。

心论点的,是为中心论点服务的。分论点经过证明,就成为论证中心论点的有力证据。现在的教育评论文章中,有相当一部分是每篇评论集中说明一个问题,只有一个中心论点,没有分论点。

2. 论点的表现

论点通常以明确的语言出现在文章中。论点常常出现在教育评论文章的开头,所谓开门见山,这样论点就很容易给读者鲜明的印象,便于后文紧紧围绕论点逐层展开论述。还有比较常见的是论点在结尾,结尾提出论点起着归纳总结全文的作用,可能会给读者豁然开朗的感觉。论点在教育评论文章中出现也是常见的。还有的论点融汇在文章中,需要读者自己领会、归纳后才能明确。这些情况在教育评论中都会出现,教育评论主体要依照具体的教育评论客体来安排论点在教育评论文章中的位置。

3. 论点的作用

论点是教育评论文章的灵魂。它体现着教育评论主体观察、分析、理解教育评论客体的基本成果,一篇教育评论文章的成败得失,往往在论点上表现出来。论点如果站不住脚,那么整篇文章就是失败的。论点又可以说是教育评论文章的统帅。在教育评论过程中,一切环节都要服从于表现中心论点的需要并受其制约,中心论点是教育评论主体处理材料、安排文章结构、组织论证、运用语言、确立文章风格的主要依据。古人所说的"意在笔先"、"文以意为主"、"以意役法"、"意似主人,辞如奴婢"等就比较全面地说明了立意的重要作用。

五、教育评论文章论点的客观公正性

论点是教育评论主体对具体的教育评论客体进行分析归纳而得出的观点。在我国,教育评论的论点要符合党的路线、方针、政策,除遵循马克思主义原理外,客观公正也应该是对教育评论论点的首要的和基本的要求。

　　所谓论点客观公正,即经过抽象的观点要符合教育评论客体的本来面目,准确反映教育评论客体的状况,不能夸大,也不能缩小,不能偏左,也不能偏右。"论不符实"是教育评论之大忌。教育评论主体要做到立论客观公正并不是轻而易举的,而是要下工夫。因为教育评论客体是复杂的,往往表面现象掩盖着本质,假象隐蔽着真相,事物本质的暴露有时需要一个过程,认识它也需要一个相应的过程,同时认识还要受到其他各种条件的影响和限制。

　　教育评论文章的立论要力戒片面性的毛病。这里所说的片面性毛病,如:教育评论文章中,只谈一面不谈另一面,好走极端,好就是绝对好,坏就是绝对坏,不是好就是坏,把两点论、重点论变成一点论;夸大局部、以偏概全、言过其实;割裂事物的联系,孤立静止地评论。对此,教育评论家要在思想认识上避免唯心主义和形而上学,要对教育评论客体有充分的调查研究,并进行认真的由表及里、去伪存真的思考和抽象概括。

　　如何避免立论上的片面性? 一要深刻认识和理解党的教育方针政策。二要忠于事实,从事实出发而不是从某些预先要想说明的出发点出发。忠于事实,才能做到立论上的客观公正。三是要掌握辩证的方法,论点不要偏激,议论不能过头。正如列宁所说:"要真正地认识事物,就必须把握和研究它的一切方面,一切联系和'中介'。我们绝不可能完全做到这一点,但是,全面性的要求可以使我们防止错误和防止僵化。"[①] 对教育评论客体有全面的了解,在评论时才能做到恰如其分。

六、教育评论文章论点的"新颖"要求

　　"新颖",是对教育评论立论的主要要求。古人曾说"唯陈言之务去",这里的"陈言"既指语言的陈腐,也指内容的陈旧。求新,是

---

　　① 《列宁全集》第32卷,人民出版社,1958年,第83－84页。

所有文章都应该追求的,教育评论当然更离不开"新",立论的新颖是吸引读者的主要力量之一,又是教育评论的难题之一。刻意求新,这应该是教育评论始终不渝的目标。要使立论不断出新,教育评论家要能深入教育实际,与实际保持密切的联系,善于在认识上紧跟客观情况的发展。教育评论可以从如下几个方面实现立论求新之目标。①

1. 新的思想观点

古人说:"明理之文,大要有二,曰:阐前人所已发,扩前人所未发。"教育评论的立论求新,首先论点应该是新的思想、新的见解,在观点上要有所创新,言人之所未言,也即"扩前人所未发"。所以,教育评论主体能在评论中独辟蹊径,有自己独特的感受和意见,提出新的思想、新的见解,就可以说是立论新颖的上乘之作。对已有的重要的思想观点和论题进行阐述,加以充分发挥,从中发掘尽可能多的东西,即"阐前人所已发",这也是一种创新,是教育评论的求新之路。

2. 新的角度

"横看成岭侧成峰,远近高低各不同"。教育评论客体总是有多个侧面,可以从不同的角度去立论。变换立论的角度,把经常性的老题目写得有新意,对同一论题写出新意,是最常见的且有效的方法。

3. 新的材料

有些题目和观点,只讲道理是讲不出多少新意的,而结合新的事实,选用新的材料去议论,就能赋予论点以新生命,老题目也会产生新意。从教育评论的实际来看,一些老题目和重要的思想,经常结合新的事实,运用新的材料不断宣传。即使新的重大的题目和思想,往往也需要结合各种事实,运用各种材料,经过一段时期的深入宣传,才能被人们普遍理解和接受。所以,教育评论尤其要

---

① 邱沛篁,等:《实作新闻学基础》,四川大学出版社,1986年,第248-252页。

重视运用新的材料和事实来立论。

4. 新的背景

在新的背景下,一些以往被评论过的思想观点,也会具有强烈的现实针对性并给人以新意。同时还需要看到,读者群是不稳定和经常变动的。新的一代在不断成长,有的老一代已经听腻了的观点,对年青的读者而言,也许又是崭新的。所以看准时机,只要有现实针对性,结合实际重复一些老观点,并不会给人陈旧的感觉,反而有久别重逢的新鲜感受。

5. 新的表述

一些老的思想观点,如果用别人意想不到的方式或新的语言说出来,即通过新的巧妙的表述,也能使教育评论具有一定的新意。要在评论中有新的表述语言,就离不开借鉴古今中外的表达方式,离不开吸收大众教育评论的精彩语言这两个方面。

七、教育评论文章论证的论据

教育评论文章的论证是运用论据证实论点正确的逻辑推理过程,也就是一般所说的摆事实、讲道理的过程,是观点和材料相统一的过程。选题和立论确定了教育评论的客体和中心思想,接下来就是论证了。论证是使教育评论具有说服力的保证。[①] 一篇教育评论文章即使选题恰当、立论公正、论据充分,但如果论证不当,照样是说服不了人的。论证需要使用论据。论据是论点赖以形成的重要根据和得以证明的证据。论据分为事实性论据和理论性论据两种。论证总的任务,就是把事实性论据和理论性论据与论点结合起来,揭示它们之间的逻辑联系。

1. 事实性论据

事实性论据是客观事物真实的、直接的反映和概括。具有直

---

① 邱沛篁,等:《实作新闻学基础》,四川大学出版社,1986 年,第 254－255 页。

接现实性的特点,是证明论点的最有说服力的论据。事实胜于雄辩,大众是最信服、最注重事实的,在论证中应多使用事实论据。事实性论据包括三个方面:一是具体事例。人们常说的举例说明,使用的就是这种论据。具体事例作为论据要具有典型性和代表性。典型性指具体事例要能说明事物的本质,代表性指具体事例要能代表同类事物的一般性质。二是概括性事实。这种事实是大量同类事物共同特点的抽象概括,更具有普遍性和说服力。我们常用的"教育水平普遍提高"等就是概括性事实。三是数字。作为论据的数字是高度抽象化了的事实。例如,1998年我国小学毛入学率为110.87%;初中毛入学率为86.50%;高中毛入学率为34.72%;高等教育毛入学率为8.42%。这些数字是建立在事实基础之上的。

2.**理论性论据**

理论性论据是指那些来源于实践并经实践检验和证明过的正确的观点。在我们的教育评论文章中,理论性论据一般包括:马克思列宁主义、毛泽东思想和邓小平理论的一般原理和目前仍适用的结论和原则;党的路线方针政策,党和国家领导人的重要讲话;国家有关教育法律法规;古今中外名人名言,教育家的思想观点;等等。这些思想观点一般广泛流传,被大多数人认可并接受,具有权威性,在论证中引用可以增强说服力。

八、教育评论文章论证的原则

教育评论文章的论证一般分两大类:立论和驳论。立论以证明教育评论主体提出的看法为主;驳论则是以反驳别人的错误观点为主。但在一篇教育评论文章中,立论和驳论往往又是同时被使用的,不能截然分开。为了展开论证,突出自己的观点,既从正面论证,又引入对立面的观点加以批驳是教育评论常用的手法。

无论是立论还是驳论,教育评论在论证时都要遵循以下原则及要求:①

1. 遵循形式逻辑的规律和规则

论证是一种逻辑推理过程,教育评论文章要通过各种概念、判断、推理来证明自己论点的正确性,只有遵守形式逻辑的各种规律和规则,才能保证论证的严密和清楚。所以,教育评论家需要学习形式逻辑的知识,对它的基本规律(如同一律、矛盾律、排中律、理由充足律)、基本范畴(如概念、判断、推理)、各种逻辑规则等都要娴熟掌握,以指导和帮助自己的论证和说理。形式逻辑是抛开了思维的具体内容去反映思维形式结构、规律和一些简单的逻辑方法的,要使教育评论的论证正确而有力,当然离不开论证的具体内容。所以,教育评论的论证不只是简单的形式逻辑的推理问题。

2. 遵循辩证逻辑的规律和原则

教育评论文章是对教育评论客体的反映,论点与论据之间的逻辑联系,同时又是教育评论客体本质的内在联系。所谓的论证的正确和有力,就是要把这种内在的本质的联系鲜明地揭示出来,使人理解这种联系是必然的和合乎逻辑的,进而使人信服。认识和揭示这种联系,仅靠形式逻辑是不行的,还要依靠对教育评论客体的具体分析。这就取决于教育评论主体对教育评论客体的认识程度,跟教育评论主体的思想方法和世界观密切相关。这些都离不开辩证逻辑。比形式逻辑更进一步,辩证逻辑结合思维的具体内容来研究思维形式的内在矛盾,它给人们提供获得具体真理的思维形式和方法,因此,在论证中更要遵循辩证逻辑。

3. 遵循辩证逻辑的主要要求

辩证逻辑同辩证法、认识论是一致的,遵循辩证逻辑也就要遵循辩证法和认识论的规律和规则。列宁曾指出:"要真正地认识事物,就必须把握和研究它的一切方面、一切联系及中介。我们很难

---

① 邱沛篁,等:《实作新闻学基础》,四川大学出版社,1986 年,第 256 – 257 页。

完全做到这一点。但是,全面性的要求可以使我们防止错误和僵化。这是其一。其二,辩证逻辑要求从事物的发展,'自己运动'变化中来观察事物……其三,必须把人的全部实践——作为真理的标准,也作为事物同人所需要它的那一点的联系的实际确立者——包括到事物的完满的'定义'中去。其四,辩证逻辑教导说'没有抽象的真理,真理总是具体的'。"① 列宁的这段话提出了我们在论证中所应遵循的辩证逻辑的主要要求。

九、教育评论文章论证的要求

论证就是摆事实、讲道理,怎样说理是教育评论文章进行论证的中心问题。说理要看对象,要考虑方式方法,否则,即使真理在手也不一定能使大众信服。教育评论文章的论证要注意如下几点:②

1. 平等说理

教育评论文章主要是面向大众的。教育评论文章既要反映党和政府的声音、教育界的声音,也要反映大众的声音。教育评论文章的说理要与大众站在平等的位置上,真正做到以理服人,切忌以高人一等的姿态说话,板起面孔训人。

2. 适应大众的容受性

教育评论文章要有的放矢,这个"的"包括两个方面:教育评论客体和大众。教育评论文章的说理既要符合教育评论客体的实际,射中论题之"的",又要考虑到大众的理解和接受能力,达到说服大众的目的。归根到底,说理是为了让大众接受其道理,所以比较起来,这后一个"的"有时更重要。如果教育评论文章的说理只顾自圆其说或只图说得痛快,不管大众是否接受或是否乐于接受,

① 《列宁全集》第4卷,人民出版社,1958年,第453页。
② 邱沛篁,等:《实作新闻学基础》,四川大学出版社,1986年,第258-264页。

即使说得很在理,恐怕也影响不了大众,也难以发挥作用。所以说,只有从大众的实际出发,针对不同的大众确定说理的起点、基础和方式方法,说理才能达到预期的目的。

3. 避免片面性

列宁说过,真理再向前走一步也会变成谬误。在说理中只说一面之词、一家之理,说过头话,把话说满、说死、说绝,都是片面的表现;说理不全面也容易给教育评论受体(大众)片面的感觉。说理要力求完整,完整并不是说要面面俱到,而是说要讲两点论,既要说到事物的一面,又要看到它的另一面;说理不是均衡论,半斤八两,各说一半,而是重点论,在有重点的基础上,全面地看问题和说理。

4. 尽量夹叙夹议

教育评论文章的说理不宜只是从概念到概念,从理论到理论,从原则到原则,那样太抽象、太枯燥,要尽量把抽象的东西和具体的东西结合起来议论说理。这就是说,说理要尽量夹叙夹议,把逻辑上的根据有血有肉地充分表现出来。叙就是叙述,即指人物的经历、行为或事物发生、发展、变化的表述。教育评论文章中的事实性论据,主要是通过叙述表达出来的。夹叙夹议就是要结合具体的事实议论说理,并使叙事和议论浑然一体。

5. 恰当地"动之以情"

教育评论文章要影响大众,除了要"晓之以理",还要"动之以情",写得生动有趣、情理交融。说理文章很讲气势,文章有没有气势,跟文章有没有感情有很大关系。教育评论文章要恰当融情,做到"文情并茂"、"情理交融",以增强教育评论文章的说服力和感染力。

十、教育评论文章论证的方法

教育评论客体比较复杂时,往往需要从多方面进行论证,先讲什么,后讲什么,论据用在什么地方最恰当有力,怎样才更能体现论证的逻辑性,论证时要注意这些方面的安排;此外还要在围绕中心论点论证的原则下,注意论证的步骤和层次,使论证的过程条理分明脉络清晰。教育评论论证的方法是多种多样的,使用也往往是互相配合的,并不是"单打一",在具体的教育评论实践中,教育评论家可以综合运用多种方法,也可以依据实际需要创造新的方法。教育评论论证经常使用如下方法:①

1. 分析法

"分析的方法就是辩证的方法"。分析是把教育文化的各个部分、论点与论据的内部联系加以观察的方法,是深入认识教育文化、掌握具体真理的逻辑手段。"论如析薪,贵能破理",分析的方法就像劈柴的刀,把教育文化的事理剖析出来,展现教育文化的各种联系,缺乏分析论证就难以细致深入。分析是论证中最根本的方法。在教育评论论证中常用以下三种分析方法:一是对教育文化进行具体分析。即分析教育文化存在的具体矛盾。二是理论分析。这是教育评论经常采用的又一分析方法。理论分析是用马克思主义的观点方法,根据党的教育方针政策,透过教育文化的表面,揭示其性质、本质等作用的分析说明。三是历史分析。历史是一面镜子。通过对教育文化历史的分析可以显示其发展方向与发展规律,表现教育文化的性质、意义、地位和作用等。

2. 例证法

例证法即通常所说的"摆事实",它运用归纳推理的形式,用典型的具体事例作为论据来证明论点。事实是最有说服力的,具体的事例与人的感觉相联系,道理从客观事实中概括出来,人们容易接受,也更感兴趣。例证法在教育评论中是被普遍使用的一种论证方法。但因为例证法是以个别事实作为前提证明一个一般性的

---

① 刘尧:《论教育评论的论证方法》,《西安交通大学学报(社会科学版)》,1999 年第 4 期。

结论,要使结论正确,所举个别性事实必须真实、典型、与论点有着必然的内在联系。列宁曾说:"一切事情都有它个别的情况……如果不是从全部总和、不是从联系中去掌握事实,而是片断的和随便挑出来的,那么事实就只能是儿戏,或者甚至连儿戏也不如。"① 在采用例证法时,一定要注意这些问题。

3. 引证法

引证法是用已知的公认的道理、原则等作论据来证明个别性的论点,是一种演绎推理的方法。引证法常常表现为引用马克思主义经典作家的有关论述、党和国家领导人的重要讲话、国家的教育法律法规、著名领袖人物和学者的言论等作为立论的根据,以增强论证的权威性和说服力。使用引证法要注意三点:一是引证的话要与自己说明的教育文化问题有内在的联系,能恰当地说明问题;二是引证要准确,不能歪曲原意,不能断章取义;三是不能引证过多,以别人的观点代替自己的论述。

4. 比较法

比较法是通过教育文化之间的比较,从而证实某个论点正确或是错误的论证方法。比较有几种情况:一是"类比",就是将一类教育文化的某些相同性质的相同方面进行比较。二是"对比",就是将不同性质或不同情况的教育文化进行比较。这里又有两种情况,即通常所说的"横向比较"与"纵向比较",也即"横比"和"纵比"。"横比"是将发生在同一时期、同一区域的教育文化进行比较,通过这样的对比,可以看出教育文化的差距,教育文化的先进与落后、正确与错误等。"纵比"是将同一教育文化在不同的时间、地点的不同情况进行比较,通过这样的对比,可以看到教育文化的发展与变化、前进与后退。"横比"和"纵比"都是单向比较,在论证中可以结合起来使用,以便全面和深刻地认识教育文化。

① 《列宁全集》第23卷,人民出版社,1958年,第279页。

5. 喻证法

喻证法就是用比喻来说明道理的方法。比喻是用人们容易理解的事物或道理,或约定俗成的说法来说明人们不容易理解的事物或道理。使用喻证法往往可以化繁为简,化高难为浅易,还可以增加论证的生动形象,古人也有"喻巧而理至"的说法。这是教育评论中普遍采用的一种方法。比如用"千军万马过独木桥"来比喻我国高考渠道单一问题。任何比喻都有缺陷,特别是在比喻与被论证的教育文化缺乏本质上的联系时,就会出现漏洞。所以,喻证法只能作为一种辅助的论证方法。

6. 反驳法

反驳法是一种特殊的论证方法,是用确凿的事实或公认的道理证明某种论点错误或不能成立的方法。反驳的途径有三条:反驳论点、反驳论据、反驳论证,只要驳倒其中的一点,就可以达到反驳的目的,因为一切谬误都是由这三个方面或其中的一两个方面构成的。

第八章 教育评论的风格与品格

教育评论学认为,教育评论要回答教育做得怎么样、应该怎样做的问题,即要对教育的生存和发展作出合规律、合目的、合情理的选择和判断。换句话说,教育评论要依照符合时代的真、善、美的标准,对异彩纷呈的教育现象作出切实的选择和判断,以引导教育对人与社会发展作出最大贡献。担此重任的教育评论,必须要有"实话实说"的风格与客观公正的品格。①

一、教育评论必须"实话实说"

无论从教育评论的本质、品格看,还是从其灵魂、功能诸方面来看,都要求教育评论要有"实话实说"的风格。

1. 教育评论的本质要求教育评论要"实话实说"

教育评论的本质是对教育文化进行价值判断。"静坐独思己过,闲谈莫论人非",这种将儒家独善其身的理论用于教育评论的做法,我们是反对的。我们提倡多批评议论,不主张独善其身。而一些无原则地进行吹捧颂扬的教育评论,也是违背教育评论本质的。我们提倡的教育评论,就是用马克思主义的观点,对教育文化进行科学的、实事求是的、有见地的评论;分析教育文化的对错、优劣,评议教育文化的思想性、科学性、学术性、知识性、实用性和影响力;肯定教育文化的社会作用和学术价值。通俗地说,就是对教育文化说长道短论是非,以坚持真理、坚持原则、坚持实事求是的科学态度,对教育文化主体产生监督作用和促进作用,充分发挥教育评论的正面导向作用。

2. 教育评论的品格要求教育评论要"实话实说"

教育评论的本质决定了教育评论具有如下品格:正确的导向,面向教育实际,面向群众,实事求是,乐于"浇花",勇于"锄草",追

---

① 刘尧:《教育评论的风格:实话实说》,《南通大学学报(教育科学版)》,2007 年第 4 期。

求真理,等等。① 教育评论要有明确的指导思想,坚持马克思主义,坚持"三个面向",围绕培养社会主义建设人才这个中心来进行;要密切联系教育实际,反映时代要求,体现时代精神,满足教育发展的需要;要有群众观点,针对群众对教育的需求实际、思想实际进行评论,教育评论的出发点和落脚点都要把群众放在首位;要有科学的态度,实事求是,言之有据,论之成理;要乐于评论新的教育文化,即评论有新观点、新思想,反映新思潮(包括一些有争议)的教育文化;要勇于评论一些不良的教育文化,有对教育文化客体负责的精神,多开展批评和反批评。

3. 教育评论的灵魂要求教育评论要"实话实说"

如果教育评论带上"功利"的目的,用"势利"的眼光评论教育文化,势必走火入魔、迷失本性、不讲真话、昧着良心、信口雌黄!那些充斥于市场的吹捧式评论、势利式评论、功利式评论、人情式评论、广告式评论不是评论教育文化,是基于种种原因因人而评,下笔于教育文化但着眼于人。这样的评论就违背了客观、公正、科学、准确的教育评论灵魂。我们提倡的教育评论,前提是对所评的教育文化认真思考,有所见地,然后发出由衷的议论,或褒或贬都要反映出教育文化的本来面目;是要着力评论教育文化的精髓与核心,挖掘出教育文化的思想和灵魂,评论教育文化的得失,引导教育文化客体正确认识、理解和享用教育文化。

4. 教育评论的功能要求教育评论要"实话实说"

无论是教育评论的导向功能、选择功能,还是判断功能和预测功能,都要求教育评论要"实话实说"。教育评论的显性导向与隐性导向、理论导向与实践导向、正值导向与负值导向、政治导向与教育导向、刚性导向与柔性导向、评者导向与编者导向诸多方面,离开"实话实说"会导致方向性错误。教育评论主体依照教育价值主体的需要,衡量教育价值客体是否满足教育价值主体的需要,以

---

① 刘尧:《论教育评论的品格》,《攀枝花大学学报》,1998 年第 2 期。

及在多大程度上满足这种需要来实现选择功能、断判断功能和预测功能，都需要教育评论家对纷繁的教育文化有所鉴别、有所推荐、有所赞赏、有所批评，做到"评理若衡、照辞如镜"，发人之所未发，言人之所未言。

二、教育评论如何"实话实说"

教育评论要有"实话实说"的风格。那么，教育评论如何形成"实话实说"之风格呢？笔者认为，需要从以下五个方面做起：

1. 勇于"实话实说"

教育评论家要有科学精神和批评勇气，即要勇于"实话实说"。教育评论家进行教育评论，最重要的是要有实事求是、敢于讲真话的科学精神，只讲真话，不讲假话。教育评论家要以向群众推荐优良教育文化为己任，但也要勇于批评不良的教育文化。批评式教育评论难以展开，媒体不乐意传播，如果批评不准，不仅会伤了别人，贻误群众，还会落下笑柄。然而，没有批评式评论，就构不成教育评论事业的整体。从某种意义上讲，批评式评论是推动教育评论事业发展的重要方面之一。因此，教育评论家要有不怕得罪人、不怕挨骂、不怕孤立、不怕打击报复、不怕得不偿失的"五不怕"精神，要勇于批评不良的教育文化以及优良教育文化中的糟粕。

2. 敢于"实话实说"

社会要形成"百家争鸣、百花齐放"的学术氛围，即要敢于"实话实说"。教育评论的兴衰荣辱同"双百方针"的命运息息相关，天下有道、广开言事之路，若千岩竞秀、百川争流、学术昌明，则百业勃兴。否则，教育思想河道淤积，教育评论园地将成为不毛之地。① 教育评论的兴旺是"双百方针"在教育领域得到贯彻的标志。教育评论是社会舆论的一部分，它可以影响广大群众，扩大或缩小教育

---

① 刘尧：《教育评论学：世纪之交的教育新课题》，《教育时报》，1996 年 4 月 3 日。

文化的作用,对群众的教育文化创造和消费起导向作用,并在某种程度上能决定教育文化的命运。所以,政府和社会要提高教育评论家和教育评论作品的社会地位,鼓励和提倡教育评论(争鸣);要有组织、有计划地扩大教育评论阵地,多开展批评和反批评,不搞一家之言,更不乱打棍子、扣帽子,要让谁都有讲话的机会和权利。

3. 精于"实话实说"

"实话实说"不是"有话就说",教育评论要切中教育文化之脉搏,即要精于"实话实说"。每个时代都有自己的教育理念,这种教育理念就是这个时代统治阶级的教育思想。教育评论就是为培育这种教育理念服务的。在我国漫长的封建社会里,儒家教育思想之所以始终成为封建社会的教育理念,与教育评论有极大关系。历代都有大儒学家通过评论传播、宣扬儒家教育思想,加上统治阶级的提倡,儒家教育思想得以成为封建社会的教育理念,统治中国教育达几千年。社会主义时代的教育评论当然要为培育社会主义教育理念服务。马克思主义教育思想是社会主义的教育理念。因此,教育评论要切中社会主义教育文化的脉搏,分清是非,以马克思主义教育思想为指导,为建设有中国特色的社会主义教育文化服务。

4. 慎于"实话实说"

教育评论要与人为善,以理服人,即要慎于"实话实说"。教育评论要摆事实、讲道理、以理服人、与人为善,不能陷入人身攻击的陷阱;要服从真理,平心静气地分析,不能蛮横武断;要从实际出发,持之有据、言之有理。评论者与被评论者都要有科学的态度,要讲道理。科学的态度和讲道理是双向的、相互的,不能只要求某一方面如此。教育评论要提倡胡适说过的话:政见可以不同,但不能轻易怀疑人家的人格,错误可以随时指出,但应当就事论事。不能因为抓住一两处失误就否定别人的学风乃至人格。对于枝节性的失误,最好是以更正的方式直接指出,不能以语言暴力对抗语言暴力。对于别人的短处可以如实地指出,不宜以自己的长处笑话别人的短处,流露出幸灾乐祸的心理。教育评论家要严于律己、宽以待人、换位思考、博采众长。

5. 善于"实话实说"

"实话实说"不等于"直话直说",教育评论要讲究评论艺术,即要善于"实话实说"。教育评论要讲真话,"实话实说"是对的,但"实话实说"不等于"真话真说"。鲁迅先生讲过一故事:有一家生了一个孩子,客人们都夸这孩子聪明可爱,主人听了十分高兴。可是,有一位客人说了一句异词,也是一句真话。他说,这孩子将来终究要死的。这句话使主人大为光火,十分生气。教育评论何尝不是如此呢? 赞扬式的评论人们爱听,闻之则喜;而批评式评论人们不爱听,听之则怒。事实并非一定如此,这涉及评论的艺术问题。开展教育评论就是要弘扬优良的教育文化,纠正不良教育文化的错误。要达到这个目的,必须讲究教育评论的艺术,让人能接受、能认识,能心悦诚服地纠正。这就要求教育评论家既要有不怕得罪人的勇气,又要有实话实说而又不得罪人的艺术。这个艺术的核心就是与人为善,只要以与人为善为出发点,就会收到好的评论效果。

三、教育评论要关注教育问题

教育评论的价值就在于启发和引导人们发现教育问题、提出教育问题、研究教育问题、解决教育问题。著名教育家陶行知先生在一首诗里写道:"发明千千万,起点是一问。禽兽不如人,过在不会问。智者问得巧,愚者问得笨。人力胜天工,只有每事问。"1932年6月,胡适为北京大学毕业生开过三味"防身药方",其中第一味就是"问题丹"。他说:"问题是知识学问的老祖宗。"同样,教育评论也要从问题开始或者说始于教育问题。

1. 教育世界是由教育问题组成的

教育世界是由众多教育问题组成的世界。教育历史无非就是教育问题的产生、解决和消亡过程,教育现实也无非就是教育问题的存在和发展。在生存和发展方面,一个人有一个人的教育问题,一个民族有一个民族的教育问题,一个国家有一个国家的教育问题,一个时代有一个时代的教育问题。尤其是我国正处于风云变幻、错综复杂的教育大变革时代,正从事前所未有的建设中国特色社会主义的教育事业,正实现中华民族多少代人所追求和向往的教育现代化的宏愿,教育的新变化、新特点不断发生,教育的新情况、新问题层出不穷。所有这一切都会让人感到眼花缭乱、目不暇接,困惑、苦思、求索是常有的事情。这一切都为教育评论的生存与发展提供了广阔天地。

2. 教育评论要关注教育问题

可以这样讲,人们对教育评论的需求程度和教育评论的实现程度,在一定意义上取决于教育评论是否正确提出和正确解答了世人所关心的教育问题。教育评论如果不针对教育问题、不研究教育问题、不回答教育问题、不从教育问题开始,就会失去价值。人们需要教育评论,就是要从教育评论中找到被教育问题困扰而百思不得其解的答案。① 为什么不同的人会有不同的教育评论选择? 一个重要原因就在于其所关心的教育问题不同。为什么不同的教育评论会有不同的遭际、命运和经历? 同样在于其对教育问题的态度,在于教育评论是否正确地提出和解答了教育问题。所以,我们强调教育评论要从教育问题出发或始于教育问题。

3. 教育评论要具体分析教育问题

马克思主义活的灵魂是一切从实际出发,具体问题具体分析。教育评论从教育问题出发,就是从教育实际出发,就是具体问题具体分析。比如:为什么说教育发展不均衡是我国教育的最大实际呢? 就是因为我国面临生产力还不发达、经济文化仍不均衡这样一个最大的现实问题。我们常说要联系教育实际,就是讲要联系

---

① 刘尧:《教育评论要针对教育问题展开》,《教育时报》,2003 年 5 月 27 日。

教育存在的实际问题;再比如:说德育工作要有针对性,就是讲要针对实际的道德问题做德育工作;说教育评论要有说服力、战斗力,就是讲教育评论要把人们关心的热点和难点教育问题说清楚、说充分;说教育在发展、在变化,就是讲教育问题生生息息、交替更迭。可见,教育评论要具体问题具体分析,就不能不坚持从实际出发去分析教育问题,给出解答的方法论。

四、教育评论要有问题意识

我们说教育评论要关注教育问题,从教育问题出发,这还仅仅是出发而已,只有"出发"和"开始"是远远不够的。人们还要问:教育问题是否找准了? 是否进行了正确地分析和解答? 这些都是教育评论活动和教育评论学研究中无法回避的现实问题,是关系教育评论兴衰成败的大问题,同样是至关重要的,丝毫不能含糊和马虎。

1. 教育评论要有问题意识

问题是成功之母,是激发创造活力、探索能力之强大动力。教育评论家强烈的问题意识是思维的内动力,是创新精神的基石,是学术创新的突破口。正如心理学理论中一个极其重要的观点所示的那样,大凡在科学上能独树一帜的重大发明与创新,与其说是问题解决者的功劳,毋宁说是问题发现者立下了原始功绩。就像每天有无数烧开水的人都可见到水开时壶盖会跳起,但没有一人能像瓦特那样专注地提问"壶盖为什么会跳起"? 正是瓦特发现了这个问题并由此发明了蒸汽机,直接推动了人类社会进入工业文明时代。教育评论家要努力成长为教育问题的发现者,要通过对各种渠道在调查或收集到的信息资料中,筛选出有价值的教育问题,提炼出教育评论课题,开展教育评论,解释教育问题。

2. 教育评论还要解释问题

新世纪是营造一个以人的创造能力为本的教育革命的世纪,

强调学会学习是 21 世纪的生存概念。教育评论的使命就是要为营造一个以人的创造能力为本教育世纪而呐喊。知识经济是建立在劳动者学习化与学习终身化基础之上的人才经济,学习已成为个人和组织发展的工具和前提条件。联合国经济合作与发展组织(OCED)特别强调:"知识经济中必须坚持边干边学的重要性"原则,注重"能力本位"的岗位学力效应。教育评论家要充分认识这一新的教育问题,利用教育评论积极解释并引导社会成员在学习方式上,从"适应性学习"向"创新性学习"转变;从"学会"到"会学"转变。实现这一转变的前提是:教育评论要引导社会成员认识,掌握科学的学习方法具有比具体知识更高的智力价值,具有不断创新知识的发展能力,比掌握现有知识的多少更为重要。

五、教育评论要有正确的方向

尽管充斥于现代媒体的教育评论尚不能和真正意义上的教育评论画等号,但由于其受众面广且互动性强,社会影响力反而比真正教育评论更大。从客观上讲,出现这种教育评论导向紊乱现象,是因为教育评论学研究还处于幼稚期,理论体系还很不完善,尚未构建起教育评论的良性互动机制。我们提倡教育评论多样化发展,但不应该是各行其是、漫无依归的,而应该有正确的方向。

1. 教育评论要有客观公正的立场

事实上,真正的教育评论有着自身的使命和操守,它以揭示和反映教育价值从而促进教育健康发展为己任,以真、善、美作为判断教育是非和衡量教育优劣的标准。教育评论家要崇美求实、真诚坦荡,不能陷入人情甚至利欲之中,因感情用事而偏离教育评论的客观公正立场。

2. 教育评论要提倡多样化

在教育评论实践中必然会出现进步与落后的差别,甚至还会出现消极的、有害的教育评论。对此,我们要保持清醒的认识,要摆脱无所适从的困境,在积极开展进步教育评论的同时,坚决抵制落后教育评论的不良影响。首先,要站在整个教育健康发展的高度,开展、发现和把握进步教育评论并给予积极的肯定。其次,要大力增强进步教育评论的引领作用。辩证地把握进步和落后教育评论的复杂关系,不但要指出落后教育评论的问题,遏制其影响,而且要挖掘进步教育评论中的优秀成分,充分发挥进步教育评论的引领作用,积极倡导教育评论家见贤思齐。

3. 教育评论要与人为善

教育评论家要本着推动教育文化发展的宗旨,在教育评论过程中,坚持学术民主、独立思考、自由争论,提倡开展真诚、坦率的教育评论,反对专制和垄断。教育评论要严谨细致,从实际出发,具体情况具体分析,不遮不掩,以理服人。评论文风要活泼,方法要得当,语言要泼辣,要讲究分寸。教育评论要与人为善,绝不允许囿门户之见,泄一己私愤,在教育评论过程中掺杂人身攻击的成分。同时,也要反对一团和气,"好好先生"式的刀切豆腐两面光的教育评论。

六、教育评论要有学术准则

教育评论的学术准则,一直是教育评论家追求的目标。在教育评论过程中,教育评论家不仅要有文学家的浪漫激情和想象力,而且要有哲学家的深邃思想和睿智,还要有科学家的严谨态度和科学精神,更要有博大的胸怀,对教育评论客体负责,对读者和社会负责。① 教育评论导向不同于政治导向和新闻导向的显著特点是其学术性,这就要求教育评论要集思想性、科学性和艺术性于一体。

---

① 刘尧:《论教育评论的品格》,《攀枝花大学学报》,1998 年第 2 期。

1．思想性

教育评论的思想性是指,教育评论要以马克思列宁主义、毛泽东思想和邓小平理论为指导思想,用辩证唯物主义的观点观察、分析和判断教育文化现象。在社会主义市场经济条件下的当代中国,以"科教兴国"和可持续发展为治国战略的今天,我们看待今日的中国教育文化尤其要以邓小平理论为指导思想,把吸收和借鉴国外教育思想与中国的实际结合起来,站在中华民族立于世界民族之林和可持续发展的立场上,对教育文化作出有深刻思想内涵的评论,保证教育文化有健康的发展方向。

2．科学性

教育评论的科学性是指,教育评论要遵循教育评论规律和教育理论,尤其要依照有中国社会主义特色的、符合中国实际的教育理论来分析和甄别当代中国的教育文化;同时,还要把教育文化作为社会的子系统,运用系统论的科学理论研究和评论当代中国教育文化的发展问题,使教育文化在社会系统中沿着自己的科学轨道运行。

3．艺术性

教育评论的艺术性是指,教育评论是一种评论,对教育文化发展具有一定的权威性和导向、选择、判断、预测诸功能。评论的目的不是"揭丑",也不是"扬美",而是促进发展。教育评论的目的就是通过评论教育文化的"长短",促进教育文化的健康发展。为达此目的,教育评论要讲究评论的艺术,具体包括几个方面:选择评论对象的艺术(即是"扬美抑丑"还是"揭丑扬美"选择评论对象要讲究艺术性),以及评论方式、方法、语言运用的艺术等。

七、教育评论要实事求是

实事求是指要从教育评论的实际出发,探求教育评论的内部联系及其发展的规律性,认识教育评论的本质。教育评论要实事求是,目前要解决以下几方面问题。

1. 提倡教育批评

教育评论不能只褒不贬,否则无助于教育文化的完善和作用发挥。当前,我国教育评论出现了一种只褒不贬,甚至褒之过分的现象。如果教育文化无可贬之处,那当然可喜可贺。然而,事实上目前我国的教育文化在兴旺发达的同时,也出现了许多需要批评的地方。教育评论中碍于"面子"的人情评论泛滥,已到了非批评不可的地步。教育评论家不是教育文化的美容师,而是教育文化这棵参天大树的啄木鸟。教育评论家要加强自身的德、才、学、识修养,要站在教育文化发展的高度,进行实事求是的褒贬,推动教育文化的健康发展。①

2. 改造批评环境

教育评论难以展开,因为若把握不好就会得罪人。教育批评更难展开,因为无论如何把握总是要得罪人的。从客观上讲主要有几方面原因:一是教育界人际关系始终错综复杂。二是报刊等学术媒体为避免得罪人和引起笔墨官司,通常不愿意刊发批评式教育评论。三是不少人对教育批评缺乏理解和尊重。这种状况很难说是正常的。然而,教育评论家不能不直面这种极不正常的现实,要乐于"浇花",也要勇于"锄草",这是教育评论对教育评论家的基本要求。

3. 培育批评风气

教育评论家要通过自己的模范评论行为,创造出一种实事求是的学风,即要针对问题摆事实讲道理,以理服人;要有诚恳、谦逊的态度,平心静气地相互商讨,以诚相见;要有高尚的科学道德和求真务实的科学精神,以真为本;要有容纳百家之说的学者风范,以善为上。就是说,教育评论家不仅要自己讲道理,而且要教会别人讲道理,要培育实事求是的教育评论之风,开创宽松、民主的教

---

① 刘尧:《教育评论学研究(第 2 辑)》,咸阳师范学院,1997 年。

育评论空间。相信在不久的将来,随着教育评论园地的不断扩大、教育评论自身的日趋成熟以及人们对教育评论认识的进一步提高,教育评论风气也会有较大的改变。

八、教育评论要有动力

教育评论需要活力,但这种活力无法从书本与书本的移植中产生;教育评论也需要魅力,但这种魅力并不能单凭逻辑的流畅贯通来建立;教育评论还需要威力,但这种威力绝非雄辩的文字和庞大的体系的同义词。教育评论的活力、魅力和威力是教育评论存在和发展的动力。教育评论的动力来自教育实际。①

1. 教育评论的生命力在于其活力

教育评论的活力不是体现为意气相激的盛赞或痛骂,而是体现为对真理热情的探寻与追求。教育评论能否生生不息,关键在于其能否密切关注教育实际。教育评论家要作教育实践百花园中的园丁,既要"锄草"又要"浇花",以确保教育实际的百花园四季如春,争奇斗艳。如果教育评论家漠视教育实际,那么其教育评论就必然失去生命的活力。

2. 教育评论的影响力在于其魅力

教育评论的魅力产生于睿智、透彻的思想和精辟独到的见解。教育评论要通过社会大众对教育文化产生影响,就必须抓住社会大众所关注的活的教育文化现实,指导和帮助社会大众有判别、有选择地从事和享用教育文化,而不是一味玩弄教育原理,以深奥难懂为荣。教育评论一旦背离了社会大众,也就没有什么魅力可言了。

3. 教育评论的功能发挥在于其威力

教育评论要发挥对教育文化的导向、选择、判断、预测功能,靠

---

① 刘尧:《求实:教育评论的魅力与威力》,《教育与现代化》,2002年第1期。

的是捕捉教育文化发展的热点、难点问题,抓住教育文化发展过程中的主要矛盾和矛盾的主要方面,展开切合实际的评论,而不是"谁叫得凶谁有理"。教育评论的威力来自于教育评论对教育实际的切实导向,是对教育发展所发挥的真正效力。

九、教育评论家要有责任感

关于书评,著名作家老舍曾精辟地讲过:"如果凭着个人的善恶去评断,自己所喜则捧入云霄,自己所恶则弃如粪土,事实上,这未必正确,只有去掉偏见,我们才能够吸收营养,扔掉糟粕。"① 老舍先生的话,对于今天我们开展教育评论仍然很有指导意义。教育评论家的责任感应体现在以下几方面:

1. 教育评论家要有使命感

教育评论是评判和鉴别教育文化优劣、辨析教育思潮、探索教育规律的一项教育科研活动。教育评论要发挥特有的作用,教育评论家要严肃对待自己的使命,珍惜自己面向教育文化发言的权利。如果教育评论家故弄玄虚地做文字游戏,目中无人地自说自话,居高临下地指手画脚或者不负责任地迎合低俗,那么,教育评论应有的功能不仅得不到有效的发挥,而且还会对教育文化造成误导。

2. 教育评论家要有主体意识

教育评论还要增强主体意识和开展教育评论的主动性,要去掉私心与偏见,坚持以马克思主义为指导,树立正确的评论观,反对各种错误倾向;正确处理继承民族教育文化传统和借鉴外来先进教育文化,弘扬主流教育文化与提倡多元教育文化,开展健康的学术争鸣和不搞无原则争论等一系列基本关系;加强评论理论与职业道德建设,培养高素质的教育评论队伍,促进健康良好的教育

---

① 陆鸿维:《书评要有责任感》,新疆天山网,2006 年 2 月 13 日。

评论风气的形成。

3. 教育评论家要有导向意识

教育评论不是文字游戏,不是窃窃私语,而是一项严肃的、责任重大的工作,需要教育评论家以高度的社会责任感来坦然地向教育界乃至社会大声宣布自己的见解。为此,教育评论家要坚持重在建设与正面引导的原则,加强重大教育工程和优良教育文化的评论力度,使之成为教育评论工作的"主流"。办好各种传媒的教育评论专栏,创办教育评论报刊,建立教育评论的交流渠道和信息网络,使之成为正面引导、正确导向的"主阵地",形成扶持优良教育文化生产的合力。对有缺陷的教育文化要秉笔直书、真诚批评,对错误的教育思潮和不良倾向要敢于批评、以理服人,形成健康的评论机制和有序的评论环境。

十、教育评论家要"独具慧眼"

教育评论不是自言自语,不是私下或背后议论,而是一项严谨的科学研究,是一种面对教育、面对社会的广泛交流。古人云:能正确地指出我的长处者,该是我的朋友;能准确地指出我的错误者,就是我的老师了。教育评论对于教育文化来讲也正如此:是其是、非其非,以睿智的洞察力,准确、深刻、负责地评论教育文化,引导大众了解、发现和享受教育文化。①

1. 教育评论家要发现价值

爱因斯坦曾说:"人类所做和所想的一切都关系到要满足迫切的需要和减轻苦痛。"可以说,人类的一切活动都是为了发现价值、创造价值、实现价值、享受价值。人类尚且如此,教育评论又如何能逃脱!教育评论面对的是日新月异、包罗万象、浩如烟海、令人目不暇接的教育文化,教育评论家永远不可能放弃选择。小说《围

---

① 刘尧:《魔鬼之床与教育评论》,《人民政协报》,2001年8月7日。

城》中有一段描写,说有个患脱发病的人去理发,理发师说不用理了,过几天头发会自己脱光的。同理,很多教育文化也是这样,不需要对其做任何评论。在这里,理发师判断头发有无生命力,正像教育评论家分辨教育文化有无典型性的认识价值一样,这就是鉴别的功夫和选择的能力。教育评论家应该了解教育、了解人类和社会,有目的、有选择地评论教育文化,满足社会的要求,也由此有效地提高人们对教育文化的分析判断能力。

2. 教育评论家要有独到的见解

教育评论家只有在自己熟悉和了解的领域中,才可能有敏锐而准确的选择;只有在自己透彻研究的领域中,才能真正深刻认识并独到地判断教育文化的真实价值所在,也才能赋予教育评论以真正长久的生命力。曹植曾有一种见解:"有南威之容,乃可以论于淑媛,有龙泉之利,乃可以议于断割。"就是说:自己要有绝世的风姿,才有资格去评论美女;自己要有盖世的锋芒,才有资格去评论刀剑。同理,教育评论家只有具备了卓越的才能和素养,才有资格去评论教育文化。如果要求教育评论家评论教育文化,自己必须创造过更优秀的教育文化,这未免有苛求之嫌。但至少要对所评的教育文化有全面、细致的考察和深入的研究,有自己异于他人的独到见解,这样说话才能有说服力。人们常说:"独具慧眼"、"慧眼识人",什么叫"慧眼"? 就是一种见人所未见、识人所未识的观察和认识能力、鉴别和选择能力。真正有价值、有生命力的教育评论,无一例外应基于这样一种深入的了解与准确的选择。

第九章 教育评论实践的问题与对策

21 世纪是一个教育文化催生教育评论的时代,是一个教育评论不能缺席的教育文化盛世。如果还有哪种教育现象、哪类教育问题没有被教育评论触及的话,那多半是教育评论的疏漏,而不是教育评论的懒惰。然而,当教育评论介入教育文化运作之后,我们不应仅仅为拥有可圈可点的教育评论著述而鼓与呼,因为教育评论应该是教育文化这棵参天大树的"啄木鸟"与"守护神"。教育评论的可贵之处,就在于它拥有一份时代觉醒和批判精神,能够唤起社会大众对教育文化的反省,把教育导向健康发展的轨道。

一、教育评论的学风问题

在我国,教育评论仍然是一个薄弱的领域。正如陈桂生教授所说:文学、文艺繁荣,颇受益于评论。文艺评论的兴盛是由于作品引人注目;而社会科学作品(论著)不那么容易引起普遍关注,评论的市场不能不窄。教育研究领域更是如此,故至今尚未形成独立的教育评论领域。惟其如此,才形成这样的局面:作品多(多如牛毛),评论少;评论中泛泛的批评、无聊的捧场多(不难见诸名家序言),尖锐切实的评论少;凭经验谈感想的评论多,按规则的评论少……迄今为止,我国关于教育评论的标准与规则的研究刚刚露头,就已经面临一个任何新名目的研究领域在中国难逃的命运——鱼目混珠。[①] 长期以来,教育评论一直难以很好地开展,并受到不良学风的干扰,存在随意、功利、庸俗、空泛等弊端。[②]

1. 弊端之一:随意

随意学风是指在教育评论中普遍存在的听到什么、看到什么就信口开河,不去做扎实的调查研究和深入思考。比如,听到人们说私立学校收取高额学费,学生享受贵族式教育,就依自己的主观

---

① 刘尧:《求实:教育评论的魅力与威力》,《教育与现代化》,2002 年第 1 期。

② 刘尧:《关于开展教育评论的十个问题》,《教育学术学刊》,1996 年第 6 期。

想法指出私立学校不可办;听到某高校校办产业发展很快,为学校提供了不少办学经费,就会评论说高校办产业大有可为;听说某些高校的合并是"形合神离",就评论说高校合并的做法不可取;等等。这些随意的评论缺乏对现实的调查和理论思考,如若传播开来必然有损教育的发展。

2. 弊端之二：功利

教育评论中的功利学风是指在教育评论中的一种急功近利现象,以创新为名任意杜撰。不讲教育概念的科学性,任意杜撰名词、生硬编造术语;写文章用词造句晦涩,故弄玄虚,以大家看不懂来显示自己的学问高深。如"规模教育"、"砺碎教育"、"中小型高校"等,不一而足。这其中的个别人是出于"为出新而创新"等功利目的。

3. 弊端之三：庸俗

教育评论中的庸俗学风是指教育评论中严重弥漫的市侩主义的恶俗。拉帮结伙,搞哥儿们义气,你发文章,我写评论;我著书立说,你出来捧场;你说我是学界新秀,我称你已形成学派。有些人甚至笼络记者、编辑为其捧场。有的书尚未出版评论已发出一大片,令人费解的商业运作方式堂而皇之地步入学术殿堂。

4. 弊端之四：空泛

教育评论中的空泛学风是指教育评论缺乏坚实的理论和实践基础,人云亦云,浅薄浮泛。不老老实实做学问,不尊重科学,不面向实际,把严肃的教育评论当儿戏,顺风转舵,理论观点反复多变,跟在领导、名人和政策的后面转。今天写评论赞同某个观点,明天又会风向一变——有领导讲了,名人说了,政策变了,就转而对它大兴问罪之师。

二、教育评论的作用问题

1. 教育评论作用的认识误区

教育评论问题的症结何在？最关键的问题是对教育评论作用

的理解。教育评论是对教育文化的介绍、鉴别和评说,它的服务对象是社会大众。这一点似乎已达成共识。但我国教育界在更多意义上或曰实际上,是将教育评论理解为一种纯粹的宣传手段,这在教育图书评论上表现尤为突出。所谓"纯粹",即为了教育图书作者个人的利益。比如教育图书评论可以带来图书的销售、评奖以及作者个人声誉等诸多好处。这其中也有许多社会因素带来的难言之隐,似乎是可以理解的。① 而教育评论的本质作用却正由于这些"可以理解"而蜕变为不可理解。

2. 教育评论的特殊作用

教育评论的性质和特征决定了它在教育发展中担负着特殊的社会作用。一是评介作用。教育文化只有通过教育评论活动的推荐、传播、宣传、评介,才能为更多的教育工作者以及社会各界所知晓、接受、利用,并使优良的教育文化充分发挥在教育发展中的作用。二是升华作用。教育评论之所以能对教育工作者予以指导,就在于教育评论对纷繁的教育文化不仅有所鉴别、有所推荐、有所赞赏、有所批评,做到"评理若衡,照辞如镜",而且对其思想内涵还有所发挥、有所提高,做到发人之所未发,言人之所未言。三是推动作用。它一方面积极肯定和推荐好的有利于教育发展的教育文化,另一方面又不留情面地揭露和批评不良的教育文化,推动教育事业的更大发展。

3. 教育评论不是万能的

强调教育评论的社会作用,并不是说教育评论是万能的。这就涉及教育评论的另一个主要症结——我们的教育评论缺乏公正、客观,不具有自己的独立性与权威性。这一点与上一点直接关涉,正因为一部分评论是为了个人的目的,所以教育文化主体与评论者合作"双簧"的现象就客观存在着,平庸评论和人情评论不少。也正是因此,使大众不能放心地借助教育评论著述对教育形成自

① 刘尧:《开展教育评论、端正教育学风》,《中国教师》,2007 年第 11 期。

己的判断。笔者所强调的是教育评论的客观公正,而不一定要以否定来评判教育文化,捧杀与棒杀都不是教育评论的正确功用。只有客观公正的评论才能保障教育评论的独立性与权威性,也才能帮助大众正确认识教育文化,并利用教育文化来推动社会的发展。

三、教育评论的观念问题

近年来的教育评论文章中不乏谨严之风和畅达之辞,一曰科学性,二曰先进性,三曰系统性,四曰实用性,五述作者功德……外加几条无关痛痒的"微瑕"补在文尾以示公允,然后笔锋一转照例以所谓的"瑕不掩瑜"落笔。这些文字大多缺乏原创性冲动与思想火花,但常具有"广告式"的商业功效和"雪花膏式"的粉饰作用。

1. 教育评论的观念误区有待突破

可以说,当前的许多教育评论热衷于作单向褒扬,掉入了庸俗或媚俗的陷阱。毕竟,从事教育评论、写评论文章不应完全等同于处理人际关系那样必须时时保持"温、良、恭、俭、让",非弄成刀切豆腐两面光不可。尽管在教育评论界,明眼人多报以不屑,或投去冷眼,或责之庸俗、浅薄,但这类教育评论文章仍颇有流布的市场,甚至成为时尚。其实,这种温和腔背后是教育评论空间的突蹙,教育评论家精神生活的贫困,教育评论界价值支柱的倾圮及学风的空疏。平心而论,教育评论的冷寂状况,教育评论队伍的零落和业余化都是一时难以改变的。然而,作为一种理性自觉,教育评论不能沿着这条路走到黑,而应有正确的态度,追寻新的思想突破。

2. 教育评论的错误观念

从客观上讲,以上观念误区由三种错误观念引起。第一种错误观念是认为批评某人的教育著述或行为,就是对某人不利或与其为难。形成这种看法与中华民族有一种"隐恶扬善"的伦理传统,不赞成公开说别人的缺点有关。实际上,认真、严肃的教育评论是"与人为善",对对方有利,对教育发展有利,而不是和某人过不去。第二种错误观念是认为某人一旦受到批评,其教育著述或行为也一定有错误、有问题,至少是水平不高。事实上,任何教育著述或行为都不可能是绝对正确的。所以,要把批评看成是教育发展的正常行为,提倡批评和反批评,不要大惊小怪。第三种错误观念是认为评论者一定比被评论者高明。怀着这种想法开展教育评论,其结果必然是意气之争的笔墨官司,对教育的发展毫无益处。事实上评论者与被评论者应是合作的伙伴关系,其目标应是一致的。

3. 教育评论的正确观念

在汉语中,"评论"的内涵非常丰富。在英语中,含有"评"之意的词汇也不少,多有兼意或本意。如:comment 为评论,而兼有说明、解释之意;review 亦为评论,本意为重复论点;criticize 指论,兼有批驳、挑剔之意;appraise 与 appreciate 为评且兼有欣赏之意;judge 为评且兼价值判定之意。由此看来,应提倡对"评论"内涵的多元理解。评论既是一次欣赏,也是一次"挑衅",既可以是主客双方的一次精神拥抱,也可以是一次肆意的"抬杠"和"拆台"。它不仅可以帮助作者澄清某一条思想的小溪,相反也可以理性地把水"搅浑";它不只是为了借助大众传媒去赢得公众喝彩,同时也可以告别大众,在精神探索的沙漠里与作者追逐,寻觅创造的绿洲;既可以在作者判定的范畴内诠释,也可以"跑到窗外去看景",或穿行于文里文外,引出自己独到的见解。① 就是说,面对错综复杂的教育评论现象,当务之急是开展学术争鸣,反对一言堂,改变只能听到一种声音的状态。

---

① 王一方:《批评空间与思想沟壑:由科技书评的八股腔说开来》,《中国图书评论》,1996 年第 1 期。

四、教育评论的生态问题

目前,教育评论异常的繁荣与热闹,从制定国家教育大政方针到减轻学生课业负担,教育的任何风吹草动都会牵动社会大众的神经,毕竟教育是涉及国计民生的事业,人们不惜口舌与笔墨对其进行热烈的议论和评论。但当我们定睛检视并进行理性分析后便会发现,这种热闹的背后活跃着专业与大众教育评论两支队伍,他们各自为政、自说自话,教育评论生态令人担忧。①

1. 专业教育评论的尴尬

目前,从事专业教育评论的人员大多集中在大学和教育研究机构,他们的评论文章主要发表在大学学报和学术期刊上。一般而言,这些文章有较强的教育理论背景,通常从某种教育理论出发来评论教育,在逻辑上是比较完备的。对于专业教育评论人员来说,这是一套稳定的话语系统,他们可以凭借这套系统进行有效的对话和交流。但也恰恰因为如此,这种评论文章往往难以被社会大众知晓和理解。于是,专业教育评论逐渐变成了一个学术圈子内的自说自话,难以进入社会大众的视域。可见,专业教育评论在引导大众认识教育,以及促进教育健康发展方面,已经陷入了一个比较尴尬的境地。

2. 大众教育评论的芜杂

相对于专业教育评论而言,大众教育评论显得更加生动而芜杂。网络、报纸、杂志、电台、电视台等现代传媒,往往都会开辟教育论坛、博客、专题、专栏、专版等,为社会大众针对教育现象展开评论搭建了广阔平台。社会大众以大众教育评论主体与受体的双重身份参与其中,追踪教育热点和焦点。这些大众教育评论形式多样、文辞犀利、文风活泼、通俗易懂、百无禁忌,其中也不乏能切

---

① 刘尧:《优化教育评论生态》,《中国社会科学报》,2010 年 10 月 28 日。

中要害、读起来令人感到痛快淋漓的文章,吸引了不少民众的眼球。可以说,社会大众的教育鉴赏经验更多的是从这些现代传媒的评论文章中获得的。然而,当前的大众教育评论文章良莠不齐、纷繁复杂,令人眼花缭乱。很多评论文章主观色彩浓厚,理性不足,感性有余,甚至完全凭个人好恶评论教育问题,真正能够对教育进行科学评论的文章并不多。

五、建设和谐的教育评论生态

由于人们常常只注意教育评论的专门性,而忽视它的普遍性,人为地割断了专业教育评论与大众教育评论之间原本所具有的联系,从而导致专业教育评论存在着封闭于孤芳自赏的书斋,沉醉于玄而又玄的引经据典和照搬外国成法的脱离大众现象。[1] 因此,亟待建设和谐的教育评论生态,具体应从以下两方面入手:

1. 理清大众与专业教育评论的关系

从教育评论在教育文化系统中的作用来看,专门性的"专业教育评论"正是建立在普遍性"大众教育评论"这一坚实雄厚、博大无比的基础之上的。"专业教育评论"一旦脱离了"大众教育评论"这个基础,便成为一潭毫无生机的死水。大众教育评论是大众对教育的态度,这种活生生的评论言行虽然是零碎的只言片语,却蕴藏着大众对教育的喜、怒、哀、乐,寄托着大众对教育的希望。这些是专业教育评论的思想源泉,是专业教育评论活的灵魂。从这个角度上讲,专业教育评论与大众教育评论是源与流的关系,教育评论家必须关注大众教育评论,听取大众对教育的观点和希望,然后通过理论加工和提炼,开展切合实际的、理论与实践相结合的专业教育评论。

---

① 刘尧:《教育评论学研究(第2辑)》,咸阳师范学院,1997年。

2. 建立和谐的教育评论机制

从教育评论理论与实践以及生态等环节入手,建立教育评论学科体系与评论机制,是让专业与大众教育评论走出各自为政、自说自话窘境的有效途径。在教育发达的国家,一个相对独立的、有公信力的教育评论系统,往往能引导一个国家的教育健康发展。中外教育发展史也表明,凡是教育评论生态优良、优秀教育评论家涌现、进步教育评论张扬的时代,往往也是教育发展最富活力的时代。在一个优良的教育评论生态中,优秀的教育评论家总是能够凭借丰富的教育经验和深厚的教育理论素养,通过敏锐的观察与精心的评论,促进教育的健康发展以及提高社会大众的教育鉴赏水平。从这个意义上讲,教育评论的健康发展和不断完善,不仅需要教育评论家开展教育评论学研究、培育教育评论人才,而且需要营造一个优良的教育评论生态。

六、创建宽松的教育评论环境

教育评论不是指令,不是教训,不是广告,不是宣判。对教育文化的简述不是教育评论;对教育文化的夸张推销广告不是教育评论;对教育文化的粗暴宣判不是教育评论;对教育文化的诅咒谩骂也不是教育评论。人云亦云的"克隆"可以铺天盖地,但不能算是教育评论的丰收;未深入研究而拉杂写来的序、跋,也很难算作真正的教育评论。在我们大力开展教育评论之时,摆在我们面前的首要任务就是医治既往教育评论的疾患,树立健康教育评论的公正权威形象。[1] 为此,必须从如下五方面入手创建宽松的教育评论环境。

1. 贯彻"双百"方针

贯彻"双百"方针具体包括以下三项工作:

---

[1] 刘尧:《关于开展教育评论的十个问题》,《教育学术学刊》,1996 年第 6 期。

一是贯彻"双百"方针需要以马克思主义为指导,但这种指导应当是在认识论、方法论上的指导,而不是什么问题都要以马克思主义的个别结论为准。二是处理好教育的价值性与科学性之间的关系。科学要建立在价值的基础上,而价值应当是科学的。三是创造一种和谐的教育评论氛围,教育评论中出现了错误观点时,应当通过平等的、实事求是的、心平气和的讨论来解决。

2. 正确对待批评

教育评论缺乏批评风气的原因有两个方面:一是有的人拒绝批评,认为批评就是找茬,就是和自己过不去,并与批评者结怨。二是一旦批评了错误的观点,就会使与这种观点相关的传播者(如出版者、杂志社、编辑等)处于困境。这都是不正常的现象,需要在观念上和实际工作中予以解决,创造一种允许批评和反批评的氛围。教育评论应本着严肃的态度,开展对不同观点、不同流派的争鸣,让真理在争鸣中越辩越明。

3. 倡导求真的学风

求真要求教育评论家以执著的敬业、乐业精神,耐得住坐冷板凳的寂寞,刻苦钻研教育评论业务,通过对大量复杂的感性材料的归纳、分析和判断,对教育文化作出科学的概括和理论陈述,最大限度地增强教育评论的理论力度。求真的教育评论要求摆脱世俗名利的羁绊,真正以教育评论家的勇气和魄力讲真话、办实事,关心教育的痛痒,切中教育文化时弊,把对教育文化的真知灼见昭之于世,给教育工作者以深刻的启迪和思考。

4. 弘扬科学精神

科学态度就是:"严肃认真,客观公正;实事求是,勇于实践;独立思考,尊重证据;坚持真理,修正错误"。科学精神就是:"坚持科学态度,采用科学方法,不畏艰难险阻,不断地追求真理,进取创新,努力在社会实践中求得对客观世界的状态和结构、运动和发展的规律性认识,并用它作出预测,指导进一步的实践,改造主观世界和客观世界"。①　教育评论是对教育文化的鉴别、评判、推荐和传播,对教育文化的发展有极大的导向作用。因此,教育评论家一定要以科学的态度发扬科学精神,努力做好教育这棵参天大树的"啄木鸟",保证教育之树枝繁叶茂。

5. 形成独立品格

教育评论是教育文化的一部分,又是相对独立的对教育文化进行评论的教育文化。尽管教育评论要对具体的教育文化进行意义的阐释或价值的判断,但这种阐释和判断绝不是对教育文化的简单重复和描绘,不再是一般意义上的认定和注释,而是一种更高层次的思想升华。教育评论家应该成为具有较高的理解力和敏感性的教育文化鉴赏家,这样教育评论的独立品格才能充分地体现出来。

七、坚持教育评论的精神品质

一方面,教育评论是通过教育评论家对教育文化进行解析和思辨、分析与综合、肯定与否定、判断与归纳而完成的一种评价活动,目的是推动教育文化发展,引导、促进新教育思潮和流派的形成。另一方面,若从精神价值层面来看,教育评论还承担着社会公德和教育职业道德建设的重任,承担着重铸民族灵魂尤其是教育精神的重任。除此之外,提高大众对教育文化的辨别能力,培养大众享受教育文化的情趣的功能就自不待言了。②

1. 坚持精神品质

面对市场经济的消极影响,教育评论要力戒立场上的撤退和让步,功能上的退化和转移。所谓撤退和让步,表现为精神品格失落,标准的紊乱无序以至无标准,价值的消解或赋予伪价值;而所

---

① 周光召:《普及科学方法,提倡科学态度,弘扬科学精神》,《中国教育报》,1996年3月14日。
② 刘尧:《倡导健康的教育评论》,《教育科学研究》,2002年第4期。

谓退化或转移,表现为市场性、商业性、新闻性、广告性的倾向,以牺牲科学性来迁就商业性,以牺牲教育性来迁就新闻性。当前,教育评论最迫切的问题是:召唤健康的、严肃的教育评论精神和健全而犀利的教育评论品格。

2. 运用合理标准

教育评论要有标准,否则,一人一个想法,一人一个章程,你说你的,我说我的,评论便无法展开。那么,到底应有什么样的教育评论标准呢? 首先,要做到实事求是,有一说一,有二说二。其次,要提倡说理,在充分摆事实的基础上作出尽可能正确、科学的分析,这是教育评论最起码的要求。在教育评论中还应有更为具体的、有鲜明的质的规定性的标准。马克思关于人的全面发展学说,邓小平提出的"教育要面向现代化、面向世界、面向未来"等都是当代的教育评论标准。

3. 坚持扶正祛邪

教育评论之路充满险阻和艰辛,并非总是"风正一帆悬"。受社会风气和教育界学风等因素的影响,在社会主义教育的风风雨雨中,不少教育评论家从消极方面吸取经验教训,遂使其扶正祛邪的热情冷却了不少,从而弱化了教育评论的批评和导向功能。教育评论家首先要有自尊自重、自强不息的精神,努力提高自己的思想道德修养和教育理论素养,以适应教育发展的新形势和新任务的要求。

八、把握教育评论的正确尺度

教育评论软弱现象的产生,是因为教育评论处在幼稚期,如同正在学步的幼儿,需要各方面的扶持和帮助。教育评论终归要走向成熟,走向成熟的教育评论是评判和鉴别教育文化优劣、辨析教育思潮、探索教育规律的科学活动,是联系教育内部及教育与社会各方面的桥梁,是保证教育文化健康发展和繁荣的有效途径。在错综复杂、五彩缤纷的教育评论现象面前,教育评论家要始终保持清醒的头脑和理论个性,不趋炎附势,不随波逐流,努力作出符合实际的判断和评论。因此,正确把握教育评论的尺度是至关重要的。

1. 正确处理政治性与学术性统一的关系

教育评论有政治性标准与学术性标准。政治性是由教育的国家性、民族性、阶级性所决定的;学术性则是由教育的科学性、国际性、历史性所决定的。在教育评论过程中,要切忌用政治性排挤学术性或用学术性否定政治性。政治性渗透于教育的学术性之中,学术性是受政治性界定的学术性。比如:教育培养什么人的问题既是一个政治问题,又是一个学术问题。因此,教育的学术性与政治性是不可分割的,两者辩证统一于教育活动之中。进行教育评论首先要对此有明确的认识,处理好两者的关系。

2. 正确处理实事求是与正面引导为主的关系

实事求是是教育评论的灵魂和生命,提倡好则说好,坏则说坏,对错误的、有害的东西要敢于批评,不搞庸俗的捧场和棒杀。要自觉加大对优秀教育文化的评论力度。评论的焦点应当是对准那些真正反映时代精神、催人奋进的优秀教育文化。对优秀教育文化的评论要形成合力、造成声势,使之成为教育评论的主旋律。只有这样才能在一系列重大原则问题上统一认识,也才能沿着正确的方向去研究新情况,解决新问题,从总体上保证教育评论的健康发展。

3. 正确处理评论自由与"守土有责"的关系

在法律范围内,教育评论家评什么、怎么评有充分的自由。但一些重要的阵地(如广播电台、电视台、大报大刊等),肩负着"以正确的舆论引导人"的重任,对于发表什么、不发表什么、多发表什么、少发表什么,理应有正确的选择,在坚持正确的导向上,履行自己的职责。这也是健康的教育评论题中应有之意。

九、加强教育评论队伍建设

教育评论家的重大使命就是通过对教育文化是其所是、非其所非的评论,引导大众认识、选择和享用教育文化,从而发挥教育文化的价值。如果教育评论家本身就是"痞子",把教育评论当成交易的工具,怎么能严肃地对待大众、对待教育文化? 又怎么能展开健康的教育评论呢? 因此,开展教育评论,一定要有一支精干的富有理想的教育评论队伍。加强教育评论队伍建设应从以下三方面入手:

1. 教育评论家要提高理论水平

教育评论队伍是开展教育评论的必要条件,有高水平的教育评论队伍,才会有高水平的教育评论活动。教育评论家应该是高手,在才、学、识方面都要有较高水平,写出的教育评论文章不仅要言之成理,而且要具有权威性,这样才能真正发挥教育评论的作用。为此,教育评论家要认真学习马克思主义理论,提高自己的思想觉悟;深入教育实际,从教育实践中吸取真知;学习教育理论,提高教育理论水平;学习相关学科的评论技巧,提高教育评论文章的写作水平。

2. 教育评论家要养成优良的学风

在教育评论过程中,教育评论家要像陈云同志所说的那样,做到"不唯上、不唯书、只唯实"。一个有知识、有修养、有较高理论水平和政策观念的教育评论家,才有可能较为准确地评判教育文化的利弊得失,按照正确的标准,掌握正确的方向,实事求是地对教育文化作出恰当的评论。教育评论家一定要抓住教育文化的特点,好则说好,坏则说坏;在此基础上,还要讲明好在哪里,不足在哪里,让人心服口服。即使是大政方针,也不要作那些捧场文字,而应讲科学、讲学术良心。①

3. 教育评论家要专业化、职业化

人类社会已经进入了一个全新的知识经济时代,新时代的主旋律是知识创新,教育是国家创新体系的基石和心脏,教育评论家则是这"基石和心脏"的守护神。教育界要将教育评论家队伍的建设提上议事日程,除一部分热心教育评论的教育人员自觉成长为教育评论家外,大学教育类专业要招收教育评论方向的硕士生、博士生,逐步使教育评论家队伍实现专业化、职业化。

十、教育评论文章十戒

虽然我们提倡教育评论应多样化,但教育评论并不是想说什么就说什么,想怎么说就怎么说,尤其是撰写教育评论文章时,应力戒以下十种不良习气。②

1. 力戒夸大其词

教育评论是一门科学,有自己的特点和规范。教育评论文章要符合教育评论规范,有求真求实的特点,有实事求是的态度,有实话实说的风格。具体来讲,教育评论要从教育评论客体的实际出发,重事实,有根有据,言之成理。坚持真理,坚持原则,对教育评论客体的优劣,价值高低,思想性、科学性、理论和学术水平以及风格流派特色等等问题都要作出实事求是的估价。赞扬和批评都要作道德文章,平等公正、恰如其分,力戒夸大其词。

2. 力戒简单复述

无论是介绍性教育评论,还是学术性教育评论,都应包括对教育评论客体的描述、解释和判断三个方面的内容。教育评论过程就是对教育评论客体"评"和"论"的过程,"评"就是对教育评论客

---

① 刘尧:《教育评论的展开与教育文化的构建》,《教育评论》,1999 年第 1 期卷首语。
② 刘尧:《教育评论十戒》,《青海师专学报(哲学社会科学版)》,2001 年第 2 期。

体进行分析、评议、描述和解释；"论"则是依据某种标准，在对教育评论客体进行价值判断，表明教育评论主体的观点，甚至提出新的观点，使教育评论客体得以深化或升华。由此可见，简单复述教育评论客体是不能构成教育评论的。

3. 力戒舍本逐末

进行教育评论，一定要抓住教育评论对象的本质。对于同一教育评论对象，可以从不同侧面，采取不同形式进行评论，这就构成了多样化的教育评论世界。由于教育评论的多样化，对同一教育评论对象的评论无一定格式，自由度大，海阔天空，心之所至，无所不评，可长可短，可大可小。但要万变不离其宗，要抓住评论对象的本质，表明评论主体自己的独特看法和感受，既着重科学性、学术性，又着重知识性、可读性。

4. 力戒自以为是

教育评论家要有主体意识，按自己的想法去进行评论，写成有自己特色的教育评论文章。但教育评论要重事实，而不能主观武断、自以为是、凭空臆造。因此，教育评论家除要以主体的身份去感受、分析、评议教育评论客体外，还要吸收大众教育评论的精髓；要有群众观点，站在群众的立场，吸纳大众对教育评论客体的看法；评大众关注的教育热点问题，而不是自以为是、主观臆断、闭门造车。

5. 力戒自相矛盾

教育评论要帮助大众养成良好的教育风气。教育评论的起点是教育文化，终点是人，教育评论本身不是目的，目的是育人。教育评论应有一个公认的真、善、美的标准，坚持这个标准就能作出客观、公正、科学的评论，就可避免出现同一评论过程前后矛盾，或同一评论主体没有一贯的评论立场甚至自相矛盾。教育评论的自相矛盾对以育人为目的的教育评论来说是应力戒的；如果任自相矛盾的教育评论泛滥，则会使大众无所适从，也必然影响育人之百年大计。

6. 力戒卖弄才学

教育评论除了其科学性、学术性之外,还要求有知识性、可读性等。教育评论的科学性指教育评论要实事求是,要准确、科学;学术性指对教育评论客体要有独到见解,评论要有学术价值和学术水平;知识性指教育评论不只是空泛的议论,要包涵丰富的知识,做到言之有物,不仅包括关于教育评论客体的知识,还可以涉及其他方面的知识;可读性是指教育评论要写得生动有趣,即要讲理、抒情、有文采。但是,在知识性与可读性上要做到恰到好处,以服从和服务于科学性与学术性为准则,力戒渲染文采、卖弄才学。

7. 力戒喧宾夺主

教育评论就是对教育评论客体作出符合客观实际的议论和判断,一般的教育评论文章应该达到一些基本的要求,比如思想性、学术性、科学性、可读性等。即要从实际出发用马克思主义的观点、立场进行实事求是的准确的议论和分析,作出公正的判断。当然,在撰写教育评论文章时,要对与教育评论客体相关的内容做一些议论和介绍,这是必不可少的辅助性文字。但这部分内容不宜在全文中占过多的篇幅,以免给人喧宾夺主之感。

8. 力戒经验主义

毛泽东同志在《实践论》中对实践与理论的关系讲得十分深刻,实践若不以革命的理论为指南,就会变成盲目的实践。我们有大量的教育评论实践活动,有丰富的感性认识,有历史的积累,也有现实的经验,这些零碎的、不系统的、不完全的知识有待于我们提高。只有经过提高上升为理论,才能使我们认识到教育评论的重要意义,掌握教育评论的规律,更加自觉地开展教育评论活动,提高教育评论的质量,把教育评论放到应有的地位,充分发挥教育评论的作用。

9. 力戒人云亦云

在教育评论活动中,人云亦云,人不云己不敢云,没有自己的独立见解,不敢讲真话,这些都是教育评论之大忌。教育评论家要力戒人云亦云,做到无自己的主张不评,无新的见解不评,不做应景的、情面的评论。

10. 力戒空洞无物

教育评论文章要内容充实、言之有物;要有自己的独特见解和主张,赞成什么,反对什么,都要有鲜明的态度;要敢于讲真话,还要善于讲真话;教育评论要力戒官话、套话、恭维话构成的空洞无物的"新八股"。

第十章 关于教育评论的对话与争鸣

这里选择笔者与鲁洁教授关于"德育有多少功能"的对话为案例,主要分析教育评论如何选题、如何评论与评论效应等问题。这次对话发生在1995年,距今已经有17年了。可供我们选择的教育评论案例很多,为什么以此作为案例? 这主要是由于近年来有影响的教育学术争鸣十分少见的缘故。

一、与鲁洁教授对话的缘起及其他

笔者不是专门搞德育研究的,《德育有多少功能:与鲁洁教授商榷》是笔者发表的第一篇德育方面的评论文章。文章发表后,许多学者认为,"德育有多少功能?"这个问题提得好! 抓住了德育学研究的重点和难点问题。一个德育研究的圈外人,为什么要就德育功能与鲁洁教授对话呢? 这得从笔者研究教育评论谈起。①

1. 对话选题的由来

大学毕业后,笔者在进行教学方法(三段六环教学法)改革与研究中发现,一些新的教学方法问世,教育工作者会朝圣般涌来,之后又潮水般退去。这是为什么? 其中的原因很多,但缺乏教育评论就是一个主要原因。

(1)教育评论一直未引起教育工作者的重视,很少有人搞教育评论。为此,1990年,笔者开始思考教育评论问题。1994年,笔者撰写了《教育科研要进一步解放思想》②一文,认为当代教育评论对促进教育文化的繁荣有直接关系,然而教育评论仍然很薄弱,应加快发展。教育评论家切忌迎合某些低级的、不健康的教育价值取向,而应具有广阔的教育眼光和博大的思想情怀,善于识别真正有价值的教育成果。与此同时,笔者萌生了研究教育评论的想法并初步确定了几个要点:① 教育评论的中心问题是对教育的科

---

① 刘尧:《教育评论要树正气》,《教育论坛》,1997年第1期。
② 刘尧:《教育科研要进一步解放思想》,《教育时报》,1994年3月25日。

学、道德、审美判断。② 教育评论的范围就是评论"一切教育与教育的一切"。③ 教育评论的目的就是要通过评论一些教育发展的重要问题,澄清教育的是非,发现教育的价值,发掘教育的潜能,发挥教育的作用,促进教育的发展。

(2) 1994 年,笔者从教育评论的视角发现,德育学研究出现了"富饶中的贫困"现象。著名学者鲁洁教授对德育学作出了重大的贡献,进行了卓有成效的研究,尤其是提出了德育的诸多功能,使德育学研究成为一方富饶的土地。但在有关什么是德育以及德育的根本功能方面,却有值得商榷的地方,这就出现了所谓的"富饶中的贫困"。德育有多少功能?"这是一个富有挑战性的问题,因为它触动了德育理论表层下的理论基石和社会基础。"①这是我国德育学研究的"瓶颈",突破它对德育学学科建设与德育实践发展都会有重大的促进作用。基于以上认识,笔者选择了德育功能这个话题与鲁洁教授对话。这次对话不是笔者与鲁洁教授个人之间的对话,而是教育评论对德育学研究的注目,目的是推进德育学研究的进展。就是说,这次对话决不是学者之间的意气之争,也不存在吴亚林先生所说的:"在德育功能问题上,与鲁洁教授任何形式的商榷和讨论只能是一次不平等对话。"

(3) 笔者作为教育评论研究者和倡导者,有责任和义务对关乎德育学基本理论问题的德育功能,从教育评论的视角谈一点看法,以引起德育学界对此问题的重视。"教育评论之所以能对教育文化予以指导,就在于教育评论对纷繁的教育文化现象不仅有所鉴别,有所推荐,有所赞赏,有所批评,做到'平理若衡,照辞如镜',而且对其思想内涵还有所发挥,有所提高,做到发人之所来发,言人之所未言。""它一方面积极肯定和推荐好的有利于教育发展的教育文化,另一方面又不留情面地揭露和批评不良的教育文化,推

---

① 吴亚林:《漫谈与鲁洁教授对话》,《教育研究与实验》,1995 年第 4 期。

动教育事业的发展。"①吴亚林先生说:"只可惜的是,刘尧的问题虽切中肯綮,终因底气不足难以服人。"在笔者看来,这么重大的理论问题,不是写几篇文章就能让人信服的。重要的在于教育评论提出问题,抛砖引玉,让更多的教育家(尤其是德育专家)参加讨论,在保证大方向不错的前提下,把德育学研究引向深入。

2. 对话的主要内容

笔者与鲁洁教授关于德育功能问题的对话,即对德育功能研究的评论,围绕德育功能研究而提出,是研究德育功能要回答的一些问题,也是德育实践和德育理论应该弄清的问题。当然,德育学学科建设要研究的问题很多,教育评论只是评论一些重大问题,而不是具体地解决问题。至于如何建设德育学学科体系,这还有待德育学界的共同努力,继续深入研究。这次对话先后提出并讨论了如下问题:

(1)德育有多少功能?德育的根本功能是发展功能。德育的发展功能体现在,通过德育能使受教育者认同合目的的道德规范,形成道德行为。当社会中的每个人都接受了良好的德育之后,具有道德情感、道德观念、道德判断力,形成了道德理想和道德人格,才会有实现自己道德责任和义务的愿望。表现在行动上就有了良好的道德行为,社会也因此形成了良好的道德风尚。这样就创造了有利于社会和人自身发展的道德环境,从而实现了德育的发展功能。这种发展包含个人、社会以及个人与社会的和谐发展。

(2)道德关系是一种怎样的关系?道德关系包涵人与自然、人与人自身肉体的关系吗?从哲学角度上讲,道德关系是主体与主体的关系,即在人的集合中才有道德可言。道德关系实则是主体人与人、人与社会之间的关系。善与恶、正义与非正义、诚实与虚伪等道德范畴都是相对于主体人而言的。人与自身的肉体组织

---

① 刘尧:《建立教育评论学学科体系初探》,《教育学》(中国人民大学),1995年第12期。

关系以及人与自然关系的道德性,归根结底反应在人与人、人与社会的关系上。所以说,人与自然、人与自身肉体是不存在道德关系的。

(3) 如何理解德育现代化? 有学者提出"德育现代化"的问题,这一命题如果能成立的话(笔者个人认为应提现代德育),应指德育观念、思想、内容、方法、手段的时代化。当然包括对传统道德中仍适应时代的优秀部分的继承和发扬。从人类德育的历史看,德育时刻都是随人类的发展而发展变化的,从来都不是凝固和僵化的。

(4) 德育应包括哪些内容? 德育不仅是传统意义上的道德品质教育,亦不是智育、体育、美育、劳动技术教育之外的各育之总称。这里有个看问题的视角问题。善与恶的矛盾构成了"道德发展的动力",谱写了"人类社会的道德发展史"。道德教育就是教人为善的教育,教人为善的教育内容就是道德教育的内容。

(5) 道德标准如何确立? 道德标准的确立必须从实际出发。任何道德观念的形成都既有历史性又有当代性,因此对道德标准进行研究,既要考察道德的历史继承性,又必须与现实社会环境相结合。在道德建设上,必须正视客观现实,不能把道德理想作为衡量现实道德的标准。

(6) 德育目的是什么? 德育就是通过教给人正当、合理的道德规范和培养内在的崇高德性来实现其根本目的——教人为善,善待一切有利于人和人类发展的事物。德育是指向未来的,德育目的也包括超越现实的理想人格的引导和培养。学校德育不等同于思想政治教育,而是素质教育的重要方面,其目的是提高学生的道德素质。

(7) 什么是大德育观? 所谓大德育观,就是用辩证唯物主义联系的、系统的观点研究和实施德育,不把德育局限于学校,局限于青少年,局限于教学,而将其看做社会、学校、家庭共同承担的、终身的人生过程。这样理解大德育观是无可非议的。

（8）德育研究的科学化问题。德育学是一门科学,应有自己的思想体系和科学体系,不能随着政治气候的变化而变化,要处理好现实德育与政府的方针政策的关系。德育研究的任务之一是为现实德育及有关部门制定方针政策提供思想依据,而不是为现实德育及已经提出的方针政策寻找依据。

（9）如何判断人类行为的道德性? 以前我们认为,人类行为除了道德的就是不道德的,现在看来这种认识是教条的。人类的行为以道德为标准来划分,可分为不道德行为、伪道德行为、零道德行为、下道德行为、上道德行为和真道德行为六种。而且大量存在的人类行为既不是恶的,也不是善的,也就是说既不是道德的,也不是不道德的。

（10）德育的本质是一种超越吗? 人不可能脱离物欲功利而过着禁欲主义的生活,人生超越功利方面的追求只能建立在功利基础之上。所以,超越功利的自由和安宁总是与物欲功利的束缚和不断追求的躁动分不开的。人生的最高意义和价值既不在天,也不在地,而在天地之间。

（11）学校德育的重点是什么? 学校德育的重点就是要培养孩子较强的适应社会的能力。这里讲的适应不是"逆来顺受",而是具有辨别良莠、匡扶正义的能力,做社会风气的扭转者,而不是社会风气的俘虏和牺牲品。

3. 对话产生的效应

笔者与鲁洁教授关于德育功能问题的对话争鸣历时三年,发表的文章都是围绕德育功能问题进行的评论和讨论,引起了德育界乃至教育理论界的广泛关注。

（1）《教育研究与实验》1994 年第 4 期发表了笔者的《德育有多少功能:与鲁洁教授商榷》一文之后,中国人民大学复印报刊资料《教育学》1995 年第 2 期全文转载了该文。《教育研究与实验》1995 年第 1 期发表了南京师范大学檀传宝博士的《对两种德育功能的理解:谈谈〈德育有多少功能〉一文的问题》一文。《教育研究》1995 年第 6 期发表了鲁洁教授的《再议德育之享用功能：兼答刘尧同志的"商榷"》一文。

（2）《攀枝花大学学报》1995 年第 4 期发表了笔者的《德育现代化不是德育泛化：评有关德育的几种新观点》一文。《教育研究与实验》1995 年第 4 期发表了华中师范大学李道仁教授的《德育的功能在于育德：评鲁洁教授的德育功能观》和咸宁医学院吴亚林先生的《漫议与鲁洁教授对话》两文。中国人民大学复印报刊资料《教育学》1996 年第 2 期全文转载了这两篇文章。《教育导刊》1996 年第 6 期发表了笔者的《从道德行为谈起：兼与鲁洁教授再商榷》一文。中国人民大学复印报刊资料《教育学》1996 年第 10 期全文转载了这篇文章。

（3）吴亚林认为，刘尧提出"德育有多少功能？"是"代表相当一部分人开口了"，"并引起了不太小的反应"。[①] 华中师大李道仁教授认为："鲁洁教授提出的德育多功能论，只具有德育功能分类学上的意义。在忽视德育根本功能的情况下，还可能给人们的思想造成混乱。刘尧同志提出了'德育有多少功能'的疑问是有道理的。"[②] 南京师范大学檀传宝博士撰文认为："刘尧同志的《德育有多少功能：与鲁洁教授商榷》一文，对德育功能及相关问题的研究提出了一些很好的意见。如其标题德育有多少功能的观点，以及文中论述的不可将道德和德育概念无限泛化的观点都是有一定现实意义的。"[③]

（4）许多学者表示：德育有多少功能这个问题提得好，抓住了德育学研究的重点和难点问题。当时国内一些教育学者，也给笔者来信来电，谈了他们对这次对话的看法。可以说，作为教育评论所提出的问题引起了教育界（尤其是德育学界）的重视，吴亚林先

① 吴亚林：《漫谈与鲁洁教授对话》，《教育研究与实验》，1995 年第 4 期。
② 李道仁：《德育的功能在于育德：评鲁洁教授的德育功能观》，《教育研究与实验》，1995 年第 4 期。
③ 檀传宝：《对两种德育功能的理解》，《教育研究与实验》，1995 年第 1 期。

生说:"我们为何不能以此为契机对德育理论框架进行一次清理呢? 希望有人作出开创性的尝试,更希望鲁洁教授再作一次自我超越。""质言之,德育学科的结构体系和学术范式是否到了转换的临界点? 我认为是的。"作为提出这一问题的教育评论之目的显然达到了,但作为德育功能的研究本身仍需继续下去。

二、对话焦点之一:关于德育的功能①

1994 年,笔者相继读到了南京师范大学教育系鲁洁教授在《教育研究》1994 年第 6 期上发表的《试论德育之个体享用功能》,以及在《教育研究与实验》1994 年第 2 期上发表的《试述德育的自然性功能》两文。在这两篇文章中,鲁洁教授提出了德育除一般人们公认的"发展功能"之外的另两种功能——个体享用功能和自然性功能。始读两文感到言之有理,理在确实应该开展这两个方面的教育,使受教育者明白,为了自身享用、为了自然界与人类更好地和睦相处,应自觉地按道德规范办事,强化道德自律性。但反复读两文,就觉得有诸多问题尚需与鲁洁教授商榷。

1. 从道德和德育的定义看,德育只有发展功能

从《辞海》的注释看,"道德"是"社会意识形态之一,是一定社会调整人们之间以及个人和社会之间关系的行为规范的总和。它以善与恶、正义与非正义、公正与偏私、诚实与虚伪等道德概念来评价人们的各种行为和调整人们之间的关系;通过各种形式的教育和社会舆论的力量,使人们逐渐形成一定的信念、习惯、传统而发生作用。道德由一定社会的经济基础所决定,并为一定的社会经济基础服务。永恒不变的,适用于一切时代、一切阶级的道德是没有的。任何道德都具有历史性,在阶级社会中,道德具有强烈的阶级性"。"德育"是"向学生进行政治思想和道德品质的教育,同

① 刘尧:《德育有多少功能:与鲁洁教授商榷》,《教育研究与实验》,1994 年第 4 期。

智育、体育密切联系。新中国学校中德育的任务是把年青一代培养成为有社会主义觉悟和共产主义道德品质的革命接班人"。

从《辞海》对道德和德育的定义可以看出,德育只有发展功能。德育的发展功能体现在通过德育使受教育者认同合目的的道德规范,形成道德行为。道德行为是有利于人和人类发展的一种被绝大多数人称赞的具有善良、正义、公正、诚实等特质的人类活动。当社会中的每个人都接受了良好的德育之后,具有道德情感、道德概念(认识)、道德判断,形成了道德理想、道德人格,才能有实现自己的道德责任和道德义务的愿望,表现在行动上就有了良好的道德行为,社会也因此形成了良好的道德风尚。这样就创造了有利于社会和人自身发展的道德环境,从而实现了德育的发展功能。这种发展包含个人和社会的协同发展。

2. 德育的个体享用功能和自然性功能的提法是不科学的

笔者认为,个体发展是社会发展的前提,社会发展又是个体发展的基础,两者之间是一种相辅相成的关系。鲁洁教授提出的德育之个体享用功能属于德育的发展功能之列。个体享用仅是个体发展的另一种提法,而且是很不合适的提法。个体享用的提法容易被人误解为德育在教个人享受,施德于人是为了得到回报,这样就与社会主义道德和德育的本来含义相矛盾。道德的价值只能归结到善良意志上,德育的价值在受教育者心灵的净化上。人所履行的道德义务来自善良意志,履行义务也就是执行"绝对命令"。这里之所以称"绝对命令",是因为在履行义务时,无任何条件可言,无论是主观的还是客观的都必须剔除。若要有条件可言,那么这个命令就是相对的,因为这个命令发自于情感、爱好、欲望等。这些出自于情感、爱好、欲望的命令,不论对己对人都与道德无缘而是一种交易。例如:商人卖货严守物价规则,童叟无欺,买卖公平。对此,我们不能评价他的行为是道德还是不道德。因为从表面上看,他的行为很符合道德规范,假如他的动机是为了得到更多的利润,那么就不能据此说他的行为是道德的;而只有出于纯粹的义务心,即我的买卖只能是公平合理的行为,才具有道德上的价值。

按社会主义道德的要求,道德人格应是先人后己、先公后私;把困难留给自己,把方便让给别人,而且完全出于义务心,不求任何回报。在我国一向被国人视为道德楷模的劳动模范,有许多地方给劳模以优厚的物质待遇和较高的荣誉,导致许多人把争当劳模视作换取利益的手段,而非道德理想,这就是一种"道德之不道德现象"。这与人们在"按劳分配"原则所产生的新道德与传统道德之对抗,以及理论上提出道德的个体享用功能的误导有关系。道德是意识形态,随社会的发展而发展,不是一成不变的。我们可以改变原有的道德规范,但不可改变道德的意义——道德行为应该出于义务心,不是出于回报预期。所以,笔者不赞同提德育的个体享用功能,这种理论若造成误导,则是一种道德学说的不道德了。

人类的发展(包括个体的发展)是与人类赖以生存的自然密切相关的。人类只有合理地、科学地利用自然,才能使人类获得恰当的发展。人类也只有与自然"和睦"相处,才能更长久地从自然那里获得更多的有利于人类发展的物质,同时减少自然对人类的伤害。所以说,德育的自然性功能属于德育发展功能,不必单列,单列出来容易使人对道德关系的理解发生歧义。道德关系实则是主体人与人、人与社会之关系。善与恶、正义与非正义、诚实与虚伪这些道德范畴都是对主体人而言的,不是对自然而言的。说德育有自然性功能,势必会使人认为道德关系包含人与自然的关系,这就把道德概念搞乱了。我们说在公园里折花的人是不道德的,这"不道德"指的不是折花的人对花(自然物)的不道德,而是破坏了供大家观赏的花卉,是对其他人的不道德。人类掠夺性的开发资源造成了地球生态环境的破坏,使人类生存受到威胁,我们就认为这种掠夺性的开发不道德,但这种"不道德"不是人对自然的不道德,而是人对人类自身的不道德,只不过是把自然作为中介物而发生的,道德关系仍为人与人(类)的关系。

鉴于此,我们说德育的个体享用功能和自然性功能提法是不确切和不科学的。而且人类个体如何使自己的享用价值与社会价值相符合,求得自身发展的教育应在人生哲学之中,而不在道德教育之列。对自然的合理利用之教育更不在道德之列。因人与自然不存在道德关系,这部分内容应在生态环境教育之列。如果硬要把人生哲学内容与生态环境教育内容列入德育,实际上是对德育的一种歪曲,带来的将是德育和道德概念的混乱。任何概念都有它的基本范畴。比如数学就是数学,不是物理、化学,更不是文学、史学、哲学,如果由于物理、化学,甚至文学、史学、哲学用了数学知识就将它们看成数学,岂不是使概念更加模糊吗?

3. 道德关系只是人与人之间的关系

看到鲁洁教授的两文之后,笔者先是想,现在以"大"字为时尚,在学术界出现了许多的"大"概念。比如:"大教育观"、"大师范教育观"、"大文化观"、"大经济观"等。是不是鲁洁教授要把道德从"人与人、人与人类之关系"再扩充到"人与自身肉体(灵魂)和人与自然之关系"?这是否预示着"大道德观"、"大德育观"的出现?笔者曾为此而惊喜不已,在惊喜过后,细细品来,好像这些教育很应该开展,但硬把它们圈入"德育"、"道德"之围,似乎让人一看就感到它们是"异乡人",而且永远不会成为该"家族"的成员。

鲁洁教授的理论基点是:马克思、恩格斯早就把人与自然和人与自身肉体组织的关系视作道德观念应反映的现实关系。"这些个人所产生的观念,是关于他们同自然界的关系,或者是关于他们之间的关系,或者是关于他们自己肉体组织的观念。"[①] 因此,鲁洁教授认为,其中人与人、人与社会之间的关系处理规范是传统道德观念,相应的为传统道德教育。而现在应扩充到"人与自身肉体之关系"(个体享用功能)和"人与自然之关系"(自然性功能)为道德关系,使其充实道德和德育。其实这恰恰犯了一个逻辑错误。因

---

① 《马克思恩格斯全集》第3卷,人民出版社,1974年,第29页。

为从哲学角度讲,道德关系是主体与主体关系,即在人的集合之中才有道德可言。这个集合并入别的元素则不好谈元素间的道德关系了。人与人自身肉体组织和人与自然关系的道德性,归根结底反应在人与人,人与人类的关系上。比如:"杀身成仁"、"舍生取义"这种行为的道德性表现在个体对群体、对别人的关系上,而不表现在个体与自身肉体生命的关系上。又如:"安乐死"中的自杀会对别人带来伤害,属不道德,而如果在"生命已无法救治",要使生命延续一刻时光都要耗费巨资的情况下,不少人则认为"安乐死"者是道德的;相应的,医务工作者实施这种"安乐死"也是一种医务道德允许的行为,而不是"杀人犯罪"。这实际上反映了医务人员对痛苦的病人和对人类(病人的亲人、国家等)的道德关系。人类对自然界的破坏在目前不属于道德问题,而属于法律(规)不容允的行为。如果要说它是道德问题,只能是说破坏自然的行为毁灭了人类赖于生存的环境,是不道德的,而不是说该行为对自然不道德,对自然是恶的而不是善的,等等。

这种对道德概念的混淆形成一种泛化之势,如果据此推理下去,则社会上一切关系都是道德关系了,这实则是弱化道德。弱化道德就等于取消道德,最终将导致道德的消亡。举一个简单的教育上的例子:学生甲学习不好,就可以说学生甲不道德,因为他没有善待自己。学生甲会说,老师教得不好,这样老师也不道德,因为他没有促进学生的良好发展。老师会说,学生甲智商低不可教也,是父母生育造成的问题,父母不道德。而父母又会说,我们本不聪明,是我们的上辈遗传所致。如此推下去,就会出现无穷无尽的不道德,什么问题都可以装入这个"道德"的箩筐。

鲁洁教授说:"千百年来在人类与自然的关系中存在的是一种'人类中心观',学校所传播的也是这种观念。""当今之世,树立一种积极的人与自然关系的道德观念,已成为全世界瞩目的一个迫切问题。""一种伦理理论如果不包括人与自然的规范,就不算是完善的伦理。"因此她认为,人对待自然界一切非人类存在物的任何行为,是存在道德问题的。既然如此,反过来讲,自然对人也有道德问题。像地震、水旱灾害等就是自然对人类的不道德了。这样反问一下,大家一定会感到鲁洁教授的泛化道德及其教育的观点是站不住脚的。因为道德是双向的、相互的,不是单方面的,也就是前面所说的,道德关系仅存在于主体之间。我们平常所说的道德惩罚,实质上是惩罚主体人之心灵,对于自然的"不道德行为"如何进行道德惩罚?

总而言之,笔者认为,人与自身肉体、人与自然之间不存在道德关系,提出德育的个体享用功能和自然性功能会给德育和道德范畴造成混乱。道德关系只存在于主体与主体之间,德育也仅有发展功能。

三、对话焦点之二：道德行为视角下的德育

鲁洁教授发表于《教育研究》1995 年第 6 期上的文章《再议德育之享用功能:兼答刘尧同志的"商榷"》,对德育的享用功能作了深刻分析和严密论述,使人受益匪浅。对此,笔者从道德行为研究的角度进一步与鲁洁教授商榷。[①]

1. 道德行为的分类

心理学研究表明:需要是人行为的原动力。一般来说,主体由需要产生欲望,当主体的欲望与客观世界中的具体对象建立了心理联系时转化为动机。主体需要一旦转化为动机,就成为推动行为的巨大力量。反过来,行为也必然在一定程度上反映动机和需要。因此,任何动机和需要无论隐蔽多深,只要我们认真分析,总可以从行为中找到它的原形和踪迹。我们得到"需要(X_1)⇆动机(D)⇆行为(X_2)"(简记为"X_1DX_2")。

依据此理论,当 X_2 利于他人和社会时,我们认为这种行为是

---

① 刘尧:《从道德行为谈起:兼与鲁洁教授再商榷》,《教育导刊》,1996 年第 6 期。

道德行为;反之,我们认为这种行为是不道德行为;当 X_2 对他人和社会既无益又无害时,我们认为这种行为是零道德行为。至此,人类行为集合 R 被分为 A(道德行为),B(不道德行为),C(零道德行为),则 R = A∪B∪C。而 A 又根据需要和动机的类型划分为 A_1(伪道德行为),A_2(下道德行为),A_3(上道德行为),A_4(真道德行为),即 $A = A_1∪A_2∪A_3∪A_4$。也就是说,人类行为以道德(抽象的)为标准划分为不道德行为(B)、零道德行为(C)、伪道德行为(A_1)、下道德行为(A_2)、上道德行为(A_3)、真道德行为(A_4)这六种,即:$R = B∪C∪A_1∪A_2∪A_3∪A_4$。下面我们就对这六种行为给予阐述。

(1) 不道德行为(B)

一切对社会和他人利益造成损害的行为都属于不道德行为。行为主体出现这种行为失范的原因可归纳为三种情况。

① "好心办坏事"。即行为主体是依据客体(他人、社会)的需求,产生了为他人为社会服务的动机,由这种良好动机而导致的损害他人和社会利益的行为。比如:教师从学生的成才需要出发产生了帮助学生进步的动机,这种动机导致教师增加学生的作业量,延长学习时间,甚至对学生的不积极配合施以体罚。教师的这种行为就属于"好心办坏事"的不道德行为。

② "无心插柳柳成阴"。即行为主体无意于对客体作出善或恶的行为,但行为的结果对客体造成了损害,这属于一种偶然性的行为失范所致。

以上两种情况,均属于人类道德(甚至法律)宽容(量刑)的范围,有些时候可以不负道德(法律)责任。但笔者认为,道德的人是应该能杜绝这种行为发生的。只要出现此种行为,就很难逃脱道德的谴责,因为好心还是无心,是无法明确度量的。

③ "为所欲为"。即行为主体为了达到个人的目的而做出损害他人和社会利益之举,无可争议这种行为是不道德行为。

（2）零道德行为（C）

一切不损害他人和社会利益的行为，我们统称为零道德行为。此类行为大量存在于社会中，对此类行为不论是出于什么需要，由什么动机引起，我们都不对其作出或褒或贬的道德评价。这就是说，试图把一切行为都装入"道德箩筐"的理论是不科学的。我们说工人做工、农民种田、学生学习、商人经商等日常行为都属于零道德行为。

（3）伪道德行为（A_1）

当行为主体把施德于人作为达到个人目的的中介时，道德便作为手段起作用。其表现有两种情形：其一是道德作为减轻痛苦的手段。人生时常会受到痛苦的折磨，减轻或解除痛苦的途径较多，而施德于人和社会是一种有效的途径，尤其对精神痛苦的人。若精神上的痛苦体现在主体良心的自责上，则主体往往曾有某种不道德的行为，主体为了减轻或消除自己因不道德行为而引起的精神痛苦，就不得不向自己行为的受害者作出某种善行表示，以期对受害者的既失利益予以补偿，从而平衡"罪恶心理"。如果精神上的痛苦来源于社会舆论的压力，则主体会选择某一公开场合有意作出某种善行来实现自己对先前行为的否定，旨在消除以前过失对自己造成的不利影响，达到减轻痛苦之目的。其二是道德被作为谋取个人利益的手段，主体做出有利他人和社会的道德行为是为了换取更大的个人名利。固然，采取正当的手段追求个人的合理利益是无可指责的（这属于零道德行为）。但把道德作为手段的人，施德于人的直接目的是取得对方信任，从而促成对方为自己获得名利服务。对道德主体来说，他仅服务于能给自己带来名利的人，无名利可图时，他是不提供服务的。

以道德作为手段的伪道德行为有如下特征：① 自私自利。尽管主体施德于人，但总是把自己的私利作为行为的动机和最终追求的目标，他完全依照功利主义原则来支配自己的行为。② 反人道。在主体那里，施德过程和施德客体都充当了实现主体个人名利的"跳板",就是说客体被当成工具使用。③ 虚假伪善。主体不是出于道德良心才施德,而是被个人名利所驱使,也就是说,主体很清楚施德于人能给自己带来更多的名利之后,才作出行动的抉择。个人名利一旦获得,主体即不再施德于人。可见,把道德作为手段,至多是一种伪道德,是一种披着道德外衣的隐蔽的不道德。因为,它从根本上背离了道德的目的,歪曲了道德的本质。由于这种所谓的道德行为有光彩的道德外衣,因而具有极强的伪装性。

(4) 下道德行为(A_2)

当行为主体把施德于人的行为作为目的时,道德便作为目的起作用。"因为这种行为是道德的,我追求道德,所以我选择了这种行为",这是道德作为目的的本质意义。本来道德的发端乃是为了引导人们遵守道德,追求道德理想,求得彼此之间人际及人与社会关系的协调。也就是说,道德的原始功能仅仅作为一种行为要求对人们发生影响,其本身绝非行为的终极目的。但是,从人类的道德作为一种系统产生的那一天起,伦理学家就把教诲人们"按道德行事"看成德育的历史使命,而当权者也把训诫自己的臣民"按道德行事"当成教化的直接目的。这样,由于道德的目的性被强化,道德反而成为人们追求的目标,而站在道德背后等待道德为之服务的、现实的人却反而不见了。其突出表现是,不管一个人的实际作为具有怎样的利益价值,只要他是在追求一种道德的目的,那么我们就会毫不吝啬地给他以赞扬。报告文学《唐山大地震》中有这样的描述:一位连长率领他的战士忍饥挨饿花了整整一天一夜时间,在一座银行的废墟里劳作,竟然只是为了找到属于国家的一分钱。这位连长和他的战友得到了广泛的赞誉,因为他们把"珍惜国家利益"这一道德要求当成自己的行为目的。

之所以把道德作为目的的道德行为称为下道德行为,是因为在此类道德行为中,人的主体性被泯灭,为道德的功利目的而施德于人的结果,不是使人成为道德的主体,而恰恰使人成为道德的奴隶。这与马克思主义把人看成世界上唯一的最高行为目的的原则相悖。这就产生了道德悖论——"道德的不道德性"问题。比如，德育的个体享用功能的提出，可能导致人们为追求道德的精神享受而施德于人。当然，相对于把道德作为一种手段的伪道德而言，下道德已是一种难得的进步，尽管行为主体把真正的施德客体摆在从属地位，可这并不是行为主体有意所为，主体只是在无意识之中表现出对客体（人）的不尊重，这与有意把人作为工具和手段来利用的伪道德是完全不同的。而且在社会主义中国，道德规范通常包含了对人性需求的肯定，这样，当行为主体把道德作为目的追求时，它也就不自觉地认可了人的目的性。

（5）上道德行为（A_3）

行为主体认为自己对他人和社会负有责任，所以选择了向他人和社会施德的义务。这种把道德作为义务的行为我们称为上道德行为。这里的义务与康德把"为义务而义务"的行为看成道德行为有严格区别。康德的"为义务而义务"的道德，事实上是把义务本身当成了目的，这显然背离了马克思主义把人看成最高行为目的的思想。康德认为，人的行为只是出于纯粹的义务心，即使毫无实际效果，也不妨碍其道德价值。相反，如果一个人为了追求某种预定目的，即便这种目的顺应了客体的实际需要，也毫无道德价值可言。康德的"为义务而义务"根本不考虑义务行为的利他倾向的道德与道德的利他倾向不相符。这也正是鲁洁教授等现代学者对"康德式"义务发出诘难的原因。

笔者在《德育有多少功能：与鲁洁教授商榷》①一文中所论及的义务与"康德式"义务有别，表现在两个方面：第一，道德作为义务并非把道德本身作为义务，而是把向人施德作为义务，不求任何回报，人在这里是主体的终极目标指向。正是满足他人利益的需要，构成了主体道德行为发生的直接动因。把道德的目的指向异于自己的他人（或社会），无疑是对道德本质的升华，是道德高尚性

---

① 刘尧：《德育有多少功能：与鲁洁教授商榷》，《教育研究与实验》，1994 年第 4 期。

的真实表露。第二,义务是不受外界影响的主体自觉意识。主体对他人(社会)履行义务完全出于自觉自愿,这种义务是主动的和完整的,是不附加任何条件的。主体根据他人的利益需要调整自己义务的程度,除非客体的需要已满足,否则主体不会终止自己的义务。

上道德行为即把道德作为义务的行为,虽然大大提高了道德行为的道德价值,但它并没有达到人类德性所追求的制高点,与人类的道德理想尚有一定差距。因为主体尚未从与客体的利益关系中独立出来。

(6)真道德行为(A_4)

当行为主体经过长期艰苦的道德修养,施德于人已成为习惯性行为,我们称这时的道德行为为真道德行为。这是人类的道德理想和崇高的德育目标。当行为形成一种习惯时,只要存在这一行为发生的条件,那么这种行为就会在主体身上作现实的表现,这就是行为定势的形成。行为定势大大淡化了主体的行为动机,并最终将之从主体的显意识里排挤出去,取而代之的则是动机潜意识化的习惯。比如:当雷锋看到别人需要帮助时,会毫不犹豫地伸出援助之手;当孔繁森看到牧民缺吃少穿时,会不假思索地掏完自己身上所有的钱帮助他们。这时的雷锋和孔繁森仅是为良好的道德习惯所驱动,因为这种行为对已形成良好道德习惯、具备理想人格的人来说,已如一般人天凉了加一件衣服,肚子饥了吃点食物一样自然而平常。

真道德行为是高度自觉的。伦理学已经认定,道德行为务必有明确的道德动机,而且必然伴随着道德选择,它只能在主体的自觉状态下发生。但真道德行为却是一种下意识的行为,其整个操作过程都是在主体潜意识的驱动下完成的,这是主体显意识内化为潜意识的结果。因此,主体的行为并不是没有道德动机,只不过没有在显意识状态下表现自己的动机;不是没有选择,而是主体通过直感完成自己的选择;也不是不自觉,而是因为太自觉以至于主体发生行为时都不曾细想过。真道德行为是彻底忘我的,对主体来说,只有客体的需要才是支配其行为的唯一动因。因此,主体会把由自己的生存与生活本能所激发的全部热情与意志力倾注到自己的利他行为之中。其突出表现是,主体行为大公无私、毫不利己、专门利人。真道德行为是无条件的,它是人类追求的道德理想。

2. 从道德行为看,"德育本质上是一种超越"

通过以上对道德行为的分析,笔者认为,任何社会无论道德风气是好是坏,国人整体的道德行为是服从正态分布的(如图 10-1 所示)。

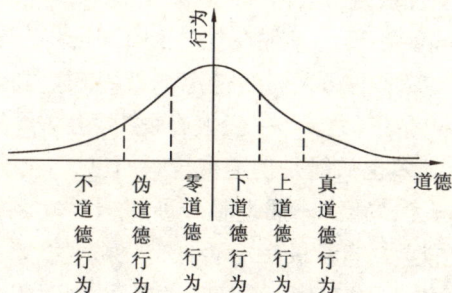

图 10-1 道德行为分布

处于两极的不道德行为和真道德行为的发生属于小概率事件。这是因为道德文明是社会文明的一部分,是与社会文明相生相伴、相互呼应的,作为社会整体组成部分的道德不可能滞后或超越,也就是说不可能让共产主义道德和封建道德体现在社会主义社会的每个人身上,社会主义社会有与之相应的道德准则体系,以维系人们之间的关系和社会运转。至于超越了社会主义的共产主义道德和滞后于社会主义的封建道德,则道德只能在个别地方、个别时候、个别人身上存在。我们的德育理论应研究"一般"的、普遍的现象。鲁洁教授认为:"道德,作为人类的一种精神活动,它是对可能世界的一种把握。道德所反映的不是实是而是应是,它不是人们现实行为的写照,而是把这种现实放到可能的、应是的、理想的世界中加以审视,用应是的理想标准来对它作出善恶的评价,并以此来引导人的行为。""道德的这一特性也必然规定了道德教育的超越本质。道德教育的要旨不在于使受教育者了解现实生活中人们的行为是怎样的,而在于使他们掌握人们的行为可能是怎样的,应该是怎样的,道德理想是什么,人何以接近这种理想,道德教育如果离开了这一要旨,它就不能成为道德教育。"① "德育的享用功能不是任何人任意赋予它的,而是德育过程之逻辑必然,它根植于德育本质之中。"② 可见,鲁洁教授所说的这种道德行为是真道德行为,属于社会主义道德追求的方向,是目前我们研究的个别道德现象。笔者不否认,在这种个别道德现象中,道德主体的精神愉悦(非功利性)确实存在。但现在把这种个别现象当成一般现象,在社会的整体发展水平和人们的道德水平尚未达到之时强调此问题,让人有"雾里看花"之感,一般人在此"享用功能"理论的引导下,其道德行为至多也只能是伪道德行为而已。

鲁洁教授认为,"德育本质上是一种超越"(功利),自然就有了"德育的享用功能"。笔者从来不否认,从某种意义上讲这是很有道理的,人的存在是"灵与肉"的双重存在,人之为人在于除了活着还希望知道为什么活着以及如何活着。因此,我们应当明确,超越功利只能是建立在功利的基础之上。

当今科技发达、物质丰富,人们热衷于功利追求。若要探求人生的最高意义和价值,提高人们的精神境界,决非谴责实现"功利追求"所能实现的。那种时兴的片面提倡旧学、变相提倡以儒家的封建伦理道德来"匡救时弊",或者以提倡前主体性的不分主客的哲学原则来"拯救危机"的做法,都是站不住脚的;那种把超越功利理解为抛弃功利的所谓"纯"精神生活,只能是虚幻的海市蜃楼。

---

① 鲁洁:《道德教育:一种超越》,《中国教育学刊》,1994 年第 6 期。
② 鲁洁:《再议德育之享用功能:兼答刘尧同志的"商榷"》,《教育研究》,1995 年第 6 期。

因此,我们只能在功利追求的基础上提倡超越功利的境界。我们要有敢于面对物欲功利,而又能从物欲功利中超脱出来的勇气与胸怀。我们应提倡一种既在功利追求上有执著精神,同时又具有旷达胸怀的远大的理想人格,把追求功利与超越功利结合起来。

德国现代哲学家胡塞尔认为,我们"全体"的人都是俗世的、实际的。但胡塞尔在大讲这套道理时,却又令人惊奇地联想到人像飞鸟一样飞离大地,或者说飞离自己的"诺亚方舟",而到天边或更玄远之处,可这天边或更玄远之处最终还是离不开"活生生的现在",离不开这俗世之"地"。也就是说,人在飞离大地之际,"地"的原始力量仍然隐蔽在其中。人生在天地之间,既要脚踏实地,又爱仰望天空,天和地就这样困惑着我们,但正是这种困惑孕育着有希望、有充实内容、有丰富意义的人生。可见,人生的价值既不在天,也不在地,而在天地之间。"既世间而出世间"、"既功利而超功利",才能达到"天人合一"、"物我一体"的境界。我们不可能要求人人都达到超越境界的高限,但人只要多一份这方面的修养,便能多领略到一份人生的意义和价值,多一份心灵上的自由与安宁,这也就是鲁洁教授说的"德育的享用功能"。

3. 对"德育本质上是一种超越"的反思

伴随社会转型而出现的道德失范、治安恶化以及腐败现象和不良社会风气的蔓延,已日益引起社会各界的关注和忧虑。

作为政府行为,以"精神文明建设"为主旨,展开一系列社会公益活动,以营造"助人为乐"的社会氛围,并以"五个一工程"命名,展开社会主义道德宣传活动。作为道德建设的主阵地,学校德育一直是人们关注的热点。国际教育组织和当今世界各国及各地区都十分重视学校德育,无不表现出对德育改革的紧迫感。1986年国际教育大会明确要求,要"通过提供智育、德育、体育、美育等条件来教育青年,促进个人全面和谐的发展"。亚太地区国家从对外开放的实践中体会到,在重视发展科学技术的同时,决不可忽视本国的文化传统和思想品德教育。德育学研究则是各国及地区教育研究的一个重要领域。

当今世界各国及地区无不努力探索学校德育现象和德育规律,且研究水平日益提高,调查技术不断改进,德育途径和工作方法日益多样化、科学化。我国历来都很重视德育,尤其是改革开放以来,我国学校教育更加突出德育的首要地位。中国教育学会教育学研究会德育专业委员会,已召开了多次学术研讨会,对我国德育进行了深入的研究。1994 年召开的第七次研讨会上,德育工作者着力于道德建设中传统资源的开掘,在儒学及中国人伦文化的研究上,拿出了一批有价值的成果。另外,德育学研究有了新的进展。① "然而遗憾的是,高涨的道德热情和巨大的德育实践,并未收到应有的道德效果。"② 归因何处? 原因自然是多方面的,但学校的德育工作者总是在推导"5 + 2 = ?"的公式中,抱怨社会风气不利于学生成长。

我们进行德育的目的就是要让孩子有较强的适应社会的能力,这里讲的适应能力包括能辨别良莠、匡扶正义,做社会风气的扭转者而不是俘虏和牺牲品。我们的德育理论工作者又多提出超越物质追求的精神享用,谴责"科技至上"、"物欲横流"。其实,"道德教育可以简略地被理解为使道德行为实践者在各种场合中,根据道德行为的是非标准,运用其意志努力和自主能力,作出正确的抉择并表现出相应的利他行为。这当中知、情、意三方面皆不可缺:意是意志力的锻炼;情是对他人感受的共鸣与同情心;知则既包括对现实社会、身处环境的理解,亦包括基本思考方法的掌握和道德推理能力的拥有。"③

据此我们试问,为什么不寻求现实社会的文明道德,而要研究似同宗教的脱离现实的精神超越或搬些古人的道德来"匡正现世"

---

① 孙传宏:《继承优秀德育传统加强德育学科建设》,《教育研究》,1995 年第 1 期。
② 石鸥:《德育困境中的病理性说服教育及其诊治原则》,《湖南师范大学社会科学学报》,1994 年第 6 期。
③ 易铭:《关于道德教育的几点思考》,《教育研究与实验》,1995 年第 2 期。

呢？笔者与石鸥先生持有较相近的观点——问题在于德育理论与德育实践应为德育困境承担哪方面的责任,德育理论应如何面对德育实践创建适合国情的德育理论。"我们并不缺乏道德的教育,而是缺乏道德教育的道德和道德教育的科学。我们的教育者并不缺乏人格的善,但他们人格的善并不能消除他们所运用的操作程序的恶。"① 这句话虽然有些偏激,但却从一个侧面反映了德育学研究的弱点,为我们敲响了警钟。

四、德育现代化不是德育泛化：评有关德育的几种新观点

20 世纪 90 年代中期,"德育"这个词一直在困扰着笔者,因为笔者读到了许多有关德育的新观点。这些新观点令人欣慰,也令人忧虑。②

1. 德育泛化种种

德育的新观点不断涌现,是德育研究的繁荣,还是德育研究的浮躁;是德育的发展,还是德育的泛化,这些都需要我们进行冷静的思考和科学的研究。

鲁洁教授提出了德育的两个新功能——个体享用功能③和自然性功能。④ 南京师范大学檀传宝博士撰文《对两种德育功能的理解》指出:德育的个体享用功能和自然性功能的提出,正是鲁洁教授对德育研究的贡献,是依照伦理学的新成就及教育研究的新进展而提出的。⑤ 王逢贤教授认为,德育作为科学的范畴,既不能是

---

① 石鸥：《德育困境中的病理性说服教育及其诊治原则》,《湖南师范大学社会科学学报》,1994 年第 6 期。
② 刘尧,朱玉玫：《德育现代化不是德育泛化》,《攀枝花大学学报》,1995 年第 4 期。
③ 鲁洁：《试论德育之个体享用功能》,《教育研究》,1994 年第 6 期。
④ 鲁洁：《试述德育的自然功能》,《教育研究与实验》,1994 年第 2 期。
⑤ 檀传宝：《对两种德育功能的理解》,《教育研究与实验》,1995 年第 1 期。

道德教育的简称,也不能将德育与其应包容的某些基本内容或途径并列(如思想政治教育,马克思主义理论教育),更不能遗漏应扩充的新内容(如法制教育、心理健康教育)。① 这样看来,德育应包括思想教育、政治教育、法制教育、道德教育和心理健康教育,德育是这些内容的总称。

也有许多学者认为,这样扩大道德和德育的外延,既与《辞源》的注释不符,又无法译成外文。王逢贤教授认为,其实一个概念的产生,其内涵的更动和外延的扩展是由社会发展的需要和实践经验的丰富决定的。我国创立了德育概念,丰富了其内涵,这是一项重要创造。赵志毅先生又提出:"爱国主义教育是中小学德育的核心,是具有战略意义的基础性工程。"② 中华民族的优秀传统文化是一种巨大的德育资源,我们必须善于从民族传统文化中挖掘精神资源,使之经过扬弃和重新组合,与时代精神结合起来成为现代德育的重要组成部分。

邵龙宝先生的《德育现代化刍议》一文,从转变德育的功能观、培养目标抽象化和凝固化的观念、单纯用政治观点分析看待形势的观念、小德育观和对德育过程看法的误区五大方面,谈了自己对德育现代化的看法。文中发出以下倡导:确立一系列新的德育观念——政治、人文价值和经济功能统一的新观念;面向现代化、面向世界、面向未来,在动态中研究和制订新的培养目标、规格、模式的新观念;用经济观点与政治观点统一的方法分析和看待形势的新观念;德育过程要满足学生的心理需要,使正确的价值取向变成学生个体内在要求的新观念;开放、全方位、大气魄的大德育观念;等等。③

读罢这些新观点,笔者开始思考:我国是否正孕育一场德育革

① 王逢贤:《价值取向多元化与学校德育对策的思考》,《中国教育学刊》,1994年第6期。
② 赵志毅:《努力把德育工作提高到一个新水平》,《中国教育学刊》,1994年第6期。
③ 邵龙宝:《德育现代化刍议》,《教育研究》,1994年第8期。

命？冷静地思考了许久之后，感到许多德育研究文章把什么是道德，什么是德育，以及德育的内容、途径和方法混淆起来。这样扩充德育的范畴，大谈德育的现代化，看似是对传统德育观念的革新，实则有悖于德育的科学性。如若任其发展下去，对德育理论和德育实践都将是不利的。

2. 关于道德的讨论

《辞海》对道德的解释是："社会意识形态之一，是一定社会调整人们之间以及个人和社会之间关系的行为规范的总和……道德由一定的社会经济基础所决定，并为一定的社会经济基础服务。永恒不变的、适用于一切时代、一切阶级的道德是没有的。任何道德都具有历史性，在阶级社会中，道德具有强烈的阶级性。"

檀传宝博士认为，《辞海》的解释过分强调意识形态性和阶级性，片面强调"规范"性；对道德关系的论述亦仅限于"人们之间以及个人和社会之间关系"，而对道德概念，未吸收世界范围内的两大进展（关于人与自身、人类与自然的关系）。潘菽先生认为，道德是一种社会现象。在氏族社会中，人们为了维护部落的共同利益，协调彼此关系，便产生了调节行动的准则。遵守其中的一些准则，会受到舆论的赞许或感到心安理得；否则会受到舆论的谴责或感到内疚。这些由舆论力量和内心驱使来支持的行动规范便是道德。道德是一种分辨善恶的尺度，它随社会的发展而发展，随社会基础的改变而改变。道德的产生、发展和变化服从于整个社会发展的规律，抽象的道德是没有的。因此，研究道德的内容时，必须揭露它的社会性和阶级性。①

沙莲香、干春松先生认为：道德是调整人们相互关系的行为准则和规范的总和。任何道德观念都既有历史性又有当代性，对于道德素质进行考察既要考察道德的历史继承性，又必须与现实的社会环境相结合。长期以来，我们的道德观掺杂过多的意识形态

① 潘菽:《教育心理学》,人民出版社,1980年,第78页。

色彩,把道德的阶级性当作道德的本质特性,把道德理想作为衡量现实道德的标尺,更增加了道德评价的不确定性。①

孔庆榕先生认为,道德是反映客观存在的,道德标准要求必须是从实际出发的。我国正处在社会主义初级阶段,现实生活中由于世界观不同、知识水平不同等原因,除了少数先进分子外,大多数人是只具有一般觉悟的。这是道德建设必须正视的客观实际。然而,我们长期忽视了这一客观实际,以只应该要求共产党员的共产主义道德规范去要求广大群众,这是一方面;另一方面,却又忽视了社会每个成员必须具有的做人的基本道德。结果我们要求做到的,大家感到高攀不上,人们应当做到的却往往失之规范、无所适从。② 相反,鲁洁教授则认为,作为人类的一种精神活动,道德是对可能世界的一种把握。道德所反映的不是实是而是应是。它不是人们现实行为的写照,而是把这种现实行为放到可能的、应是的、理想的世界中去加以审视,用应是的理想标准对它作出善或者恶的评价,并以此来引导人的行为。这种应是与实是、理想与现实的矛盾运动构成了人类的道德活动,不断推动人类向至善方向前进,也使每个个体不断自我完善和升华。③

固然,从今天看来,道德不应局限于"行为规范的总和",古今中外道德史表明,道德历来都涵盖人的外在交往行为之规范和内在道德性培育两个方面。要使行为正当合理,意味着在个人之外,存在某种普遍合理的道德规范和个人对自我行为作某些必要的限制。比如,不伤害他人、不偷盗、不说谎等。一个人要使自己的行为达到正当合理并不特别难,正常的理智和动机加上正常的外部环境即可保证这一点。然而,道德绝不止于人们行为的正当合理层次,社会性的规范体系也并不能包容一切。不可能把人的生活

---

① 沙莲香,干春松:《现代化的基石——国民素质结构简析》,《中国教育报》,1995年5月3日。
② 孔庆榕:《略论中国社会转型时期的道德建设》,《学习》,1995年第3期。
③ 鲁洁:《道德教育:一种超越》,《中国教育学刊》,1994年第6期。

完全而永久地圈定在现实的社会园地。人有情感、有思想、有属于自我个体的目的追求和私人的生活领地。所以,人总是在不停地寻求个别性的人生意义,这就是人特有的内在善生活。它是人类德性追求的人性之源,也是为什么人并不因为拥有财富和金钱而完全满足的内在原因。

当代颇负盛名的美国伦理学家 A · 麦金太尔用一种道学家特有的睿智洞见:一个缺乏德性修养的人是难以履行任何道德规范的。于是,几经周折,人们终于慢慢认识到一个真理:规范伦理与德性伦理原本是一张盾牌的两面——人性与人类行为的内与外、虚与实、灵与肉、自我方面与社会方面……都需要有道德的料理和关切。对于一个民族来说,贫穷是一种挑战,它问询一个民族能否面对艰难困苦玉汝于成;财富也是一种考验,它问询这个民族能否不沉湎于物质财富,而升华出一种更高的精神追求。马克思早就讲过:饮食男女诚然也是人类的机能,然而如果把这些机能与人类其他活动割裂开来,并使它们成为最终的唯一目的,那么,在这样的抽象中人类就只有动物的性质。著名心理学家马斯洛曾把人类的需要依照从低到高的顺序分为五个层次,层次越往上,需求的精神成分越多。一个民族的需求层次越高,这个民族就越具有创造性和前途。诺贝尔经济学奖获得者萨缪尔森认为,从生物性来谈论幸福,人可能不如动物,人的幸福是包含精神内容和精神意义的。文学家高尔基讲得更形象:人生的意义在于使人一天比一天离动物更远。

中华民族是一个伟大的民族,我们的民族承受了无数艰辛,战胜了无尽的苦难,走上了建设社会主义强国之路。随着生产力发展和社会主义市场经济体系建立,我们的民族又面临着一个新的挑战,在金钱与财富面前能否升华出一种超越物质享受,寻求生活价值和意义的新精神,这就是我国目前道德建设所面临的新课题。然而,长期以来我道德建设上存在着一些误区:一是以超越时代发展和群众实际水平的道德标准来要求广大群众,忽视了做人的基本道德,即用超前的道德理想取代现实的道德规范,把道德理想与道德规范混为一谈。二是以道德的阶级性为由,否定中华民族的传统美德。事实上,继承传统道德的精华既是社会稳定和发展的需要,也是建设新道德体系的基础。三是道德建设上存在浮躁的情绪,急于引进西方资本主义市场经济中的某些道德口号,并标上"现代化"的标签。其实,我们建设社会主义市场经济,不能简单地模仿西方资本主义国家的做法。道德建设如何才能正确地反映这种客观性? 这的确值得我们予以高度关注。我们既要承认个人的独立性,个性将愈加凸现和丰富,社会也将呈现得更加多样化。同时,又要看到个人与他人、个人与家庭、个人与集体、个人与社会的联系在现阶段也变得愈加广泛和复杂。因此,我们更要强化公德心和责任心,依据实际处理好各种关系,促进社会主义市场经济条件下新道德体系的形成和良性发展。

3. 关于德育的讨论

《辞海》中对德育的注释是,"向学生进行政治思想和道德品质教育,同智育、体育密切联系。新中国学校中德育的任务是把我国年青一代培养成为有社会主义觉悟和共产主义道德品质的革命接班人"。

檀传宝博士认为,《辞海》对德育功能的解释,即"把我国年青一代培养成为有社会主义觉悟和共产主义道德品质的革命接班人",显然是将德育功能囿于政治功能一隅,对德育功能理论研究的许多成果亦未见反映。《教育科学中的德育》一书指出:德育是向学生灌输无产阶级的思想政治观点和共产主义道德规范,培养学生的思想品德的教育,是全面发展教育的重要组成部分,体现了社会主义教育的无产阶级的政治方向。[①] 鲁洁教授认为,超越是德育之本质。德育的要旨不在于使受教育者了解现实生活中人们的行为是怎样的,而是在于使他们掌握人们的行为可能是怎样的、应

---

① 佚名:《教育科学中的德育》,四川教育出版社,1984 年,第 56 页。

该是怎样的、道德的理想是什么以及人何以接近这种理想。王逢贤教授指出,德育应包括思想教育、政治教育、法制教育、道德教育和心理健康教育,德育是这些内容的总称。

德育到底是什么?从语意上理解就是道德教育。道德教育就是教给人们正当、合理的道德规范,培养内在的崇高德性,而外在的道德规范和内在的德性中渗透着民族的、阶级的、政治的、地域的诸多色彩。新中国成立后,我国一直是把道德教育与思想政治教育等同起来,用思想政治教育代替道德教育。在学校内设思想政治类课程,大学建有思想政治教研室,中小学设有政教处。改革开放以来,面对社会转型、价值取向多元化和新的国际环境,我国德育工作者提出了坚持社会主义核心价值导向,扩展德育的内涵,全方位、有重点地进行思想、政治、法制、道德和心理健康方面的教育,努力探索德育工作的新途径、新方法,以提高德育的实效,培养有理想、有道德、有文化、有纪律的献身有中国特色社会主义事业的建设者和接班人。

20世纪90年代,德育研究出现了前所未有的繁荣,尤其是1989年后德育受到普遍重视。社会主义市场经济确立以来,德育研究更加活跃。围绕德育如何适应市场经济的问题形成了两种观点:一种是要求着眼于使受教育者形成市场经济所需要的各种意识、品质与行为,使之成为适应市场要求的人才;另一种是要求将德育的着眼点放在培养当代社会所需的全面完善的道德品质和人格上。同时,德育是指向未来的,德育应包括超越现实的理想人格培养。无论哪种观点都表现出对德育认识的深化,不再把德育等同于思想政治教育,而是作为素质教育的一个重要方面。各类学校都开设了德育课程,大学建立了德育教研室,中小学的政教处一改其工作内容和方法。与此同时,又出现了试图用德育囊括"智、体、美、劳"之外各育的德育泛化势态,这不能不引起我们的重视。

由于德育内涵不断被扩充,许多学者开始探讨扩展德育的功能。鲁洁教授提出了德育"个体享用功能"和"自然性功能"。邵龙宝先生则提出要转变德育功能观,确立政治功能、人文价值功能和经济功能统一的新观念。邵龙宝认为,德育除了发挥其政治功能、人文价值功能、思想道德功能之外,还应当致力于研究和探索非智力因素(学生兴趣、意志、性格、人格、价值观、思想品德等)对智力因素的开发作用,研究非智力因素开发智力因素的规律和途径。① 笔者在《德育有多少功能:与鲁洁教授商榷》一文中强调,德育只有发展功能(含个体发展、社会发展和个体与社会的和谐发展),其他功能的提法均是违背道德含义的。况且所列其他功能又是发展功能在各方面的表现。为了保证道德、德育科学体系清晰,一般不宜再提这个功能、那个功能。鲁洁教授也认为,"德育功能要通过实现个体的多方面社会化以促进社会整体发展"。② 檀传宝博士认为,关于德育功能的讨论,必须考察伦理学的新成就及教育研究的新进展这两个背景。关于德育功能的类别可以讨论,但鉴于其有许多内容,"发展"二字并不能完全概括,众多德育功能仅用一个"发展功能"予以概括至多只是一家之言。③ 对此,大家可以继续争鸣。笔者认为,德育有自己的领域,虽然其他各育中也包含有德育因素,但我们不能因此把各育都圈入德育,这是看事物的视角问题。

实际上,伦理的矛盾也就是善恶斗争问题。在人类观察事物的不同视角中,伦理学是从善恶角度来观察的。尽管其他学科也可能涉及善恶问题,但它们主要不以善恶为视角。比如:经济学以效益为视角;美学以美丑为视角;法学以权利和义务为视角;只有伦理学主要以善恶来观察一切的。善恶矛盾是伦理道德的基本矛盾,是伦理学的基本问题。④ 尽管在伦理学史上,关于伦理的基本矛盾和伦理学的基本问题有着各种各样的意见,但大多数人都认

---

① 邵龙宝:《德育现代化刍议》,《教育研究》,1994 年第 8 期。
② 鲁洁:《市场经济与学校道德教育》,《中国高等教育》,1995 年第 4 期。
③ 檀传宝:《对两种德育功能的理解》,《教育研究与实验》,1995 年第 1 期。
④ 魏英敏:《伦理学基本问题之我见》,《道德与文明》,1984 年第 4 期。

为善恶是基本矛盾。在伦理学里,人们常把善说成是道德的同义词……表示道德的整个领域,那么恶也就是不道德的同义词了,善与恶的矛盾斗争则是道德与不道德的矛盾斗争。正是善与恶的矛盾构成了"道德发展的动力",谱写出"人类社会的道德发展史"。[1]道德教育的重要目的就是教人为善,善待一切有利于人和人类发展的事物。

4. 关于大德育观的讨论

邵龙宝先生提出,要转变狭隘、近视、单一、故步自封的小德育观,确立开放的、全方位的、大气魄的大德育观念。

檀传宝博士认为,大德育观的出现本身就是理论进步的表现,因为人们看到了事物之间的普遍联系,这是对静止、孤立地看问题的原子主义思维的一种克服,也是系统论、控制论等在理论分析中应用的结果。教育社会学研究表明,在德、智、体、美诸育中,德育对社会环境的依存性最大。因此,大德育观是传统德育摆脱困境的出路所在。

当科技发展、财富增加、"民主政治"盛行,伴随着无法克服物质主义、物欲主义、道德沦丧以及人性的被压抑和扭曲的 20 世纪到来时,学校德育理论中人本主义道德教育模式成为新的人文精神追求的中坚。除了人文精神还有一个最具典型意义的线索就是大德育观的提出。在以简单再生产为特色的古代教育中,学校德育只是在一个封闭的院落里的工作。当代经济、政治的发展实质上已使学校德育与社会政治、经济及社会的每一个方面都已融为一体时,孤立地进行学校德育已成为死胡同,代之而起的出路是德育社会化课程的提出。因此,大德育观既是社会经济、政治发展的产物,又是学校德育对社会经济和政治体制的一个反向诉求。[2] 缪克成撰文认为,德育系统工程有广义和狭义之分。狭义的德育系

---

① 魏英敏:《新伦理学教程》,北京大学出版社,1993 年,第 154 页。
② 檀传宝:《宏观社会环境因素与学校德育》,《江苏高教》,1995 年第 1 期。

统工程主要指学校德育系统工程,包括大学德育系统工程、中学德育系统工程、小学德育系统工程等。广义的德育系统工程包括希望工程、送温暖工程、凝聚力工程等。①

笔者一直认为,如果用辩证的、联系的、系统的观点研究和实施德育,使德育不局限于学校,不局限于青少年,不局限于教学,而成为社会、学校、家庭共同承担的、终身的人生过程,这是无可非议的。而且人类的道德历史从未中断过这种记载,只是在不同的历史阶段人类认识的程度存在差别而已。但如果硬要把法制教育、心理素质教育以及"希望工程"等都划入德育,并扩充德育的许多功能而提出大德育观,则仍是值得商榷的。

现代社会以"大"字为时尚,在学术领域也出现了许多冠之以"大"的概念,比如"大教育观"、"大师范教育观"、"大文化观"、"大经济观"等。鲁洁教授要把道德关系从"人与人、人与人类社会之关系"扩充到"人与自身肉体和人与自然的关系"。王逢贤教授则认为,法制教育、心理素质教育、政治教育、思想教育等都属于道德教育的内容。邵龙宝先生则想把一切"民族性"、"国际性"、"超前意识"、"现代化"、"一切文明成果",甚至非智力因素对智力因素的影响等都塞入德育这个"箩筐"。似乎智育、体育、美育和劳动技术教育无法"收容"的一切教育内容都应归入德育。并且,有些学者认为这就是"大气魄、大思路和大手笔"来探讨大德育观念,探讨如何与国际德育研究交流。笔者并不反对大胆的探索,也赞同人类若不大胆探索便不会有今日之文明;但笔者坚信,发展是应遵循规律的,而不是随意的。"大"要有大的道理,"大"要有大的科学依据。如果硬要把非德育的东西强加给德育,则不仅犯了科学上的逻辑错误,而且等于泛化德育、冲击德育甚至毁灭德育。

德育研究怎样才能科学化呢? 有关专家认为,第一,要进一步清除旧观念。德育学是一门科学,有自身的思想体系不能囿于政

---

① 缪克成:《谈德育系统工程》,《思想理论教育》,1994 年第 5 期。

治气候的变化而变化;要处理好现实德育和政府方针政策的关系,德育研究的任务之一是,为现实德育及有关部门制定方针、政策提供思想依据,而不是为现实德育及已经提出的方针政策寻找依据。第二,德育学的研究应将重点放在德育过程研究,这是因为对德育过程认识,既是德育学的理论问题,也是取得德育实效性的关键。第三,应注意研究方法的综合运用。① 在德育实践中,也需要继承优秀的道德传统和德性修养资源,同时向西方学习健全、正当、合理的道德规范体系,提高国民教育水平,倡导文明的社会风尚等。笔者认为,目前需要注意的不仅是尽快地重建正当、合理的社会主义市场经济条件下的道德规范体系,使人们的行为方式趋向正当、合理;而且更应注重人们德性修养培育,尽快找到两者的结合点,使两者有机地统一起来。

5. 关于德育现代化

作为教育评论的倡导者和研究者,笔者在为物欲横流之时人们重视以道德教育挽救人的灵魂而高兴的同时,又为人们的浮躁而担忧。学者对道德和德育"无限度"的扩充,实践工作者出于良好的愿望,给德育之"火堆"添加德育与非德育之"柴",想把德育之火燃得更旺。这种理论研究和实践中的浮躁之风必然对德育理论和实践造成误导,同时也会波及整个学术风气。如果教育评论不加以引导,将会使教育再一次犯"德育"方面的错误。

有学者提出,"德育现代化"的想法如果成立的话(笔者认为应提"现代德育"),应该指德育观念、思想、内容、方法、手段等的时代化,当然也包括对传统道德中仍适应时代需要的优秀部分的继承和发扬。从人类德育的历史看,德育始终都随着人类的发展而发展变化,从来都不是凝固和僵化的。而道德和德育的本质是不会改变的——道德是处理人与人(包括人与自己)、人与社会关系的准则和人内在德性的养成。德育则是教人们领会道德准则和养成

---

① 孙传宏:《继承优秀德育传统加强德育学科建设》,《教育研究》,1995 年第 1 期。

崇高的德性,其功能在于促进人、社会及人与社会的和谐发展,这些都是不会改变的。道德和德育因其民族性、地域性、阶级性、时代性、约定俗成性、不可照搬性等,使德育目标、内容、过程、侧重点始终处于相对恒定的动态变化之中,但它是万变不离其宗的。①

传统德育是一种"机械服从模式"。传统德育在性质上是一种强制性的灌输式教育;在目的上它试图通过一切可能的措施和方式,使学生接受并最终形成特定社会所要求的单一的道德观念和固有的行为习惯;在内容上要传授给学生被大多数人一致认可的、固定的道德规范;在方法上则主要诉诸直接问答式教学、训练、规劝、纪律等强迫性手段。

而在 19 世纪末 20 世纪初西方兴起的"新教育"运动中,杜威是第一个向传统学校德育发难的思想家。他认为,根本不存在一种绝对的、固定不变的道德真理,没有可依靠的绝对原则,一切道德和价值准则都随社会的发展而发展变化。所以,道德实质上是一个解决社会问题的过程,而不是某种固定的观念和习惯。

德育的核心乃是培养学生批评性探究的能力,而不是机械的品格训练。道德不是教来的,而是学生在实际生活的过程中,在与他人的合作和交往中发展起来的。因此,不能将德育简单地归结为某种问答式的教学或关于道德的课程,而应该将其扩展到整个学校生活中,尊重学生的自主权利、理智能力,强调学校生活和学生自由活动的德育价值,反对形式主义的道德说教几乎构成了现代德育理论的全部内容。笔者认为,在未来的德育研究中,重要的是要以唯物主义的世界观和方法论观察社会现实的道德问题,在对现实科学理性把握的基础上,提出德育应如何实践的原则,创造出具有时代特征和中国社会主义特色的德育理论及多样化的实践模式,以指导变革时代的德育实践。

总之,我们反对脱离现实的、引经据典式的德育研究,我们同

---

① 邵龙宝:《德育现代化刍议》,《教育研究》,1994 年第 8 期。

样也反对不问概念、不讲逻辑的所谓德育研究。这种研究论文的发表，将给德育科学的概念体系带来混乱，造成理论上的谬误；将给德育行为带来盲动，造成实践上误区重重；将给德育政策带来消极影响，造成政策导向性失误；将给德育研究风气带来不良影响，带来不求甚解之风。因此，有必要强调，德育研究要本着实事求是，科学求真，理论求善，著述求美的原则进行。切不可像经济生活中出现泡沫经济那样，在德育理论中制造出"泡沫德育理论"，把德育引入歧途。

教育评论研究文章索引

［1］刘 尧:《教育科研应进一步解放思想》,《教育时报》,1994 年 3 月 25 日。

［2］刘 尧:《关于教育评论学之我见》,《教育科学论坛》,1995 年第 3 期。

［3］刘 尧:《建立教育评论学学科体系初探》,《教育学》(中国人民大学),1995 年第 12 期。

［4］刘 尧:《教育评论学:世纪之交的教育新课题》,《教育时报》,1996 年 4 月 3 日。

［5］刘 尧:《谈教育评论的选题视角》,《教育创新》,1996 年第 3 期。

［6］王伟廉:《应开展教育评论学研究》,《教育评论学研究(第 1 辑)》,1996 年。

［7］洪宝书:《提出问题比问题解决本身更重要》,《教育评论学研究(第 1 辑)》,1996 年。

［8］韦俊谋:《让教育评论学大放异彩》,《教育评论学研究(第 1 辑)》,1996 年。

［9］张熊飞:《可贵的探索》,《教育评论学研究(第 1 辑)》,1996 年。

［10］薛焕玉:《要建立教育评论学首先要大力开展教育评论活动》,《教育评论学研究(第 1 辑)》,1996 年。

［11］石　鸥:《教育评论学断想》,《教育评论学研究(第 1
辑)》,1996 年。

［12］李友芝:《我看教育评论学》,《教育评论学研究(第 1
辑)》,1996 年。

［13］刘　尧:《漫谈教育评论研究》,《广西大学学报(哲学社
会科学版)》,1997 年第 1 期。

［14］刘　尧:《教育评论要树正气:从与鲁洁教授的对话谈
起》,《教育论坛》,1997 年第 1 期。

［15］刘　尧:《论教育评论的选择功能》,《攀枝花大学学报》,
1997 年第 2 期。

［16］刘　尧:《论教育评论的导向功能》,《吉林教育科学(高
校教育研究)》,1997 年第 2 期。

［17］刘　尧:《关于开展教育评论的十个问题》,《教育学》
(中国人民大学),1997 年第 3 期。

［18］刘　尧:《教研成果·教育评论·教育实践:中国当代教
育教研成果概览》,新华出版社,1997 年。

［19］潘懋元,朱九思,金开诚,等:《关于教育评论学研究的通
信》,《教育评论学研究(第 2 辑)》,1997 年。

［20］张秦中,张江毅:《教育评论学是教育改革和发展的需
要》,《教育评论学研究(第 2 辑)》,1997 年。

［21］胡德海:《在教育科学体系中应有教育评论学的地位和
作用》,《教育评论学研究(第 2 辑)》,1997 年。

［22］李如密:《教育评论与教育评论学》,《教育评论学研究
(第 2 辑)》,1997 年。

［23］刘　尧:《关于教育评论学研究的若干问题简答》,《广西
大学学报(哲学社会科学版)》,1998 年第 2 期。

［24］刘　尧:《论教育评论的品格》,《攀枝花大学学报》,1998
年第 2 期。

［25］刘　尧:《论教育评论原则》,《青海师专学报(哲学社会

科学版)》,1998 年第 3 期。

[26] 刘　尧:《论教育评论文章的章法》,《教育创新》,1998 年第 4 期。

[27] 陈桂生,吴文侃,张志勇:《教育呼唤健康的评论》,《教育评论学研究(第 3 辑)》,1998 年。

[28] 孟明义,刘　尧:《关于建立教育评论学的几点看法》,《教育评论学研究(第 3 辑)》,1998 年。

[29] 李如密,高　伟:《教育评论学刍议》,《现代教育研究》,1998 年第 3 期。

[30] 刘　尧:《教育评论的展开与教育文化的构建》,《教育评论》,1999 年第 1 期。

[31] 刘　尧:《论教育评论主体——教育评论家》,《青岛科技大学学报(社会科学版)》,1999 年第 1 期。

[32] 李如密,高　伟:《关于教育评论若干基本问题的理论探讨》,《天津市教科院学报》,1999 年第 1 期。

[33] 刘　尧:《教育评论标准论》,《青岛科技大学学报(社会科学版)》,1999 年第 2 期。

[34] 刘　尧:《教育评论过程论》,《青海师专学报(哲学社会科学版)》,1999 年第 3 期。

[35] 刘　尧:《教育评论活动论》,《青岛科技大学学报(社会科学版)》,1999 年第 3 期。

[36] 刘　尧:《教育评论媒体论》,《青岛科技大学学报(社会科学版)》,1999 年第 4 期。

[37] 刘　尧:《教育评论的目的、特点与形式》,《西北工业大学学报(社会科学版)》,1999 年第 4 期。

[38] 刘　尧:《论教育评论的论证方法》,《西安交通大学学报(社会科学版)》,1999 年第 4 期。

[39] 刘　尧:《论教育评论的性质和作用》,《青岛科技大学学报(社会科学版)》,2000 年第 1 期。

［40］刘　尧:《教育评论的立论方法》,《青海师专学报(哲学社会科学版)》,2000 年第 1 期。

［41］李如密,孙元涛:《关于教育评论学建构的几点思考》,《青岛科技大学学报(社会科学版)》,2000 年第 1 期。

［42］刘　尧:《论建立教育评论学的基本理论问题》,《社会科学战线》,2000 年第 2 期。

［43］刘　尧:《教育评论情境论》,《北京科技大学学报(社会科学版)》,2000 年第 2 期。

［44］刘　尧:《论作为教育评论客体的教育文化》,《浙江大学学报(人文社会科学版)》,2000 年第 3 期。

［45］刘　尧:《论教育评论标准的确立及运用》,《教育与现代化》,2000 年第 4 期。

［46］刘　尧:《教育评论十戒》,《青海师专学报(哲学社会科学版)》,2001 年第 2 期。

［47］刘　尧:《论教育评论方法及其他》,《青岛科技大学学报(社会科学版)》,2001 年第 2 期。

［48］刘　尧:《论教育界学风与教育评论问题》,《北京理工大学学报(社会科学版)》,2001 年第 3 期。

［49］刘　尧:《从评论教育到教育评论》,《高教发展与评估》,2001 年第 4 期。

［50］刘　尧:《论教育评价的科学性与科学化问题》,《教育研究》,2001 年第 6 期。

［51］刘　尧:《求实:教育评论的魅力与威力》,《教育与现代化》,2002 年第 1 期。

［52］刘　尧:《关于教育评论的几个问题》,《青岛科技大学学报(社会科学版)》,2002 年第 1 期。

［53］刘　尧:《魔鬼之床与教育评论》,《教育科学研究》,2002 年第 1 期。

［54］郭文超:《教育评论的选题思考》,《编辑之友》,2002 年

第 S1 期。

[55] 刘　尧:《教育评论与教育评价的区别》,《青岛科技大学学报(社会科学版)》,2002 年第 3 期。

[56] 刘　尧:《论教育评论的信息容量与质量》,《教育与现代化》,2002 年第 3 期。

[57] 刘　尧:《倡导健康的教育评论》,《教育科学研究》,2002 年第 4 期。

[58] 刘　尧:《情感在教育评论中的作用与调控》,《东南大学学报(哲学社会科学版)》,2002 年第 4 期。

[59] 刘　尧:《以教育评论正学风》,《科学时报》,2002 年 9 月 26 日。

[60] 刘　尧:《教育评论要针对教育问题展开》,《教育时报》,2003 年 5 月 27 日。

[61] 刘　尧:《教育评论的症结与症解》,《成人高等教育》,2003 年第 1 期。

[62] 刘　尧:《中国教育缺少内部监督机制:教育评论》,《当代教育论坛》,2003 年第 1 期。

[63] 杜成宪:《关于教育史评论的理论思考》,《华东师范大学学报(哲学社会科学版)》,2003 年第 1 期。

[64] 刘　尧:《教育评论学研究的几个理论问题》,《复旦教育论坛》,2003 年第 4 期。

[65] 刘　尧:《今天我们如何进行教育评论》,《当代教育科学》,2004 年第 22 期。

[66] 吴玉伦:《论教育史学评论的内容》,《安阳师范学院学报》,2004 年第 3 期。

[67] 吴玉伦:《教育史学评论的标准》,《信阳师范学院学报》,2004 年第 4 期。

[68] 吴玉伦:《教育史学评论的学科性质和作用》,《洛阳师范学院学报》,2004 年第 6 期。

［69］周一贯:《教学实践研究呼唤"教学评论"》,《语文教学通讯》,2005 年第 7 期。

［70］吴玉伦:《教育史学评论初探》,《河北师范大学学报(教育科学版)》,2006 年第 1 期。

［71］孙名符,张定强:《数学教育评论学刍议》,《高等理科教育》,2006 年第 5 期。

［72］刘　尧:《教育评论风格:实话实说》,《南通大学学报(教育科学版)》,2007 年第 4 期。

［73］刘　尧:《论教育评论形态》,《教育学术月刊》,2007 年第 7 期。

［74］刘　尧:《开展教育评论,端正教育学风》,《中国教师》,2007 年第 11 期。

［75］刘　尧:《从教育测验到教育评论相关概念及其关系的辨析》,《高教发展与评估》,2007 年第 3 期。

［76］刘　尧:《我们应该如何开展教育评论》,《教育学术月刊》,2008 年第 4 期。

［77］谈儒强:《教育史学评论的客观基础与评价标准》,《合肥师范学院学报》,2008 年第 5 期。

［78］刘　尧:《时代急需教育评论》,《中国教育报》,2008 年 9 月 27 日。

［79］刘　尧:《发挥教育评论的威力:教育评论 30 年发展》,《社会科学报》,2008 年 10 月 23 日。

［80］刘　尧:《真正的教育评论是严谨的科学研究》,《科学时报》,2008 年 11 月 28 日。

［81］谈儒强:《论教育史学评论的尺度》,《教育评论》,2009 年第 1 期。

［82］刘　尧:《教育评论家的修养与责任》,《学园》,2010 年第 1 期。

［83］刘　尧:《教育评论研究的回顾与反思》,《青岛科技大学

学报(社会科学版)》,2010 年第 1 期。

[84] 朱红梅:《关于教育史学评论标准的思考》,《科技创业月刊》,2010 年第 3 期。

[85] 刘　尧:《优化教育评论生态》,《中国社会科学报》,2010 年 10 月 28 日。

[86] 刘　尧:《教育发展需要教育评论担负重任》,《学园》,2012 年第 1 期。

主要参考文献

[1] 刘　尧:《教育评论学研究(第 1 辑)》,咸阳师范学院,
　　　1996 年。

[2] 刘　尧:《教育评论学研究(第 2 辑)》,咸阳师范学院,
　　　1997 年。

[3] 刘　尧:《教育评论学研究(第 3 辑)》,咸阳师范学院,
　　　1998 年。

[4] 刘　尧:《教育评论学研究(第 4 辑)》,咸阳师范学院,
　　　1999 年。

[5] 伍　杰:《我的书评观与书评》,华夏出版社,1996 年。

[6] 刘本固:《教育评价学概论》,东北师范大学出版社,
　　　1988 年。

[7] 胡有清:《文艺学论纲》,南京大学出版社,1996 年。

[8] 邱沛篁,等:《实用新闻学基础》,四川大学出版社,
　　　1986 年。

[9] 吴中杰:《文艺学导论》,复旦大学出版社,1998 年。

[10] 冯　平:《评价论》,东方出版社,1995 年。

[11] 李心峰:《元艺术学》,广西师范大学出版社,1997 年。

[12] 陈桂生:《教育原理》,华东师范大学出版社,1993 年。

[13] 邵培仁:《传播学导论》,浙江大学出版社,1997 年。

[14] [日]名和太郎:《经济与文化》, 高增杰,郝玉珍译,中国
　　　经济出版社,1987 年。

［15］周洪宇,刘居富:《迈向 21 世纪的中国教育科学》,华中师范大学出版社,1998 年。

［16］黄淑娉,龚佩华:《文化人类学理论方法研究》,广东高等教育出版社,1998 年。

［17］[美]J·M·索里,C·W·特尔福德:《教育心理学》,人民教育出版社,1982 年。

［18］[美]R·M·利伯特,等:《发展心理学》,人民教育出版社,1983 年。

［20］李德顺:《价值论》,中国人民大学出版社,1987 年。

［21］王汉澜:《教育评价学》,河南大学出版社,1995 年。

［22］刘　尧:《教育评论学》,中国文联出版社,2000 年。

［23］刘　尧:《现代教育问题评论》,作家出版社,2001 年。

［24］刘　尧:《新世纪高等教育评论》,西北大学出版社,2001 年。

［25］刘　尧:《教育难点:问题与评论》,吉林人民出版社,2003 年。

［26］刘　尧:《教育评论:问题与研究》,当代中国出版社,2004 年。

［27］刘　尧:《今日大学教育评论》,群言出版社,2006 年。

［28］刘　尧:《中国高等教育热点问题评论》,江苏大学出版社,2009 年。

［29］刘　尧:《德育有多少功能:与鲁洁教授商榷》,《教育研究与实验》,1994 年第 4 期。

［30］刘　尧:《从道德行为谈起:兼与鲁洁教授再商榷》,《教育学》(中国人民大学),1996 年第 2 期。

［31］刘　尧,朱玉玫:《德育现代化不是德育泛化》,《攀枝花大学学报》,1995 年第 4 期。

［32］刘　尧:《中国教育科学的回顾与展望》,《华中师范大学学报(人文社会科学版)》,1999 年第 5 期。

后 记

教育的价值在于教人成人

在本书稿写作画上句号之际，我突然加剧了对我国功利化教育价值追求的忧虑。我们研究与开展教育评论，目的是要促进教育发展，而教育的价值是促进人的发展，因此教育评论的终极价值就是促进人的发展。那么，何谓人的发展呢？这是我国教育迷失的问题。作为本书的后记，我们就来探寻一下"教育对人的价值是什么？"这不仅是一个恒久的教育问题，更是一个伴随社会进步的社会问题。今天我们探寻这一问题的答案，需要结合我国国情大力开展教育评论，引导人们转变功利化的教育价值观。教育评论任重道远，教育评论研究前景广阔。

长期以来，"不要输在起跑线上"的教育观念几乎成为我国千百万家长"集体无意识"的习惯性思维。受此观念的影响，孩子在娘胎中孕育时就被胎教了，出生后更是被强行施于一系列的教育活动。从学前到中学，为追求好成绩，孩子的学习负担不断被加重，本应丰富多彩的孩提快乐生活，被掩埋在单调而沉重的课内外学习中。对于孩子来说，人生失去了美好的序曲，整个一生都将陷入精神困苦的阴霾。对于社会来说，削弱了人性光辉的照耀，急功近利的工具化人才培养模式演绎的将是社会达尔文主义。① 我们不得不思考这样的问题:教育对人的价值是什么?

今天的孩子接受的究竟是什么教育? 这样的教育将把人引向何方? 人的成长不是短短几年的"起跑线",而是长达几十年的"马拉松",如果在"起跑线"上就耗尽了心力,还能顺利地跑完"马拉松"全程吗? 时至今日,我国无穷无尽的教育改革并没有显现出宜人的育人图景,反而有愈改愈脱离育人本质并有进一步异化人为工具之势……"分数"、"升学率"和"就业率"成了教育发展的魔咒,主宰了教育的一切和一切教育,从而导致孩子从小被教育而不得不接受一个怪异的事实:自己不是自己的,而是父母与老师眼中实现理想的工具。教育的育人本质被分数所排斥,教育中人的价值迷失已经是一个不争的事实。

我们不得不痛定思痛,这种教育迷失的根源在哪里? 显然,不是学制问题,也不是课程设置问题,更不是教学问题,而是教育目的发生了偏差。对于个人(家庭)来讲,"学而优则仕"的读书观阴魂不散,并进一步演变为"读书做官"、"读书赚钱";对于社会(国家)来讲,教育被赋予了"救亡"、"图强"的神圣使命,这些看来都是绝对正确的。那么错在哪里呢? 错在轻视甚至忽视了教育是教人成人的人格养成活动,而过分侧重于急功近利的将人工具化的所谓人才培养活动。为了实现这种扭曲的教育目的,人被教育工具化了。今天的社会已经演变成一个一切以"成功"作为价值标准的浮躁社会,而这个"成功"的价值取向已经简化为"有权"与"有钱"。如果把价值归结为"成功",进而又把"成功"作为思想的坐标,那就只能产生功利的价值观——以官职、金钱、称号等外在形式化的东西作为人的价值尺度,而不看重人的思想情感、道德品行、真才实学和精神境界。如果人在某一社会中普遍地陷入"成功"的名缰利索,生命价值的平等和人格尊严得不到应有的尊重和

---

① 刘尧:《教育对人的价值是什么》,《民主与科学》,2010 年第 6 期。

维护,那这个社会就"异化"了。

对于个人来说,生命是有限的,人的生命意志是不断地超越有限而追求无限存在的,这集中表现为人对人格尊严、生命意义的追求。可以这样说,离开价值就无法谈论人的特质这个话题,价值追求是人的本性,价值需求是人的生命本质所规定的。作为自觉形态的人的生命之价值观,不仅能够引导人追求自身的利益,协调人与人之间的利益冲突,更能够召唤人不断地走向更高的精神境界,实现自由的、全面的发展。心理学家马斯洛认为,人对自我实现和对真、善、美等价值的高级需要与价值追求,是人健康生存不可或缺的"似本能"。一个"似本能"受到忽视的人将会产生空虚、狂躁、无意义等"超越性病态"。正因如此,从幼儿园、小学到大学,我们的教育在不断地制造多数失败者。

教育的根本目的究竟是什么?是教人成人还是教人成才?卢梭说:教育是培养"既能行动又有思想的人"。雅斯贝尔斯说:"教育是人的灵魂的教育,而非理性知识的堆积。"鲁迅说:"教育是要立人。"蔡元培说:"教育是帮助被教育的人发展自己的能力,完善自己的人格,于人类文化上能尽一分子的责任,不是把被教育的人造成一种特别器具。"就是说,教人成人是教育的根本目的,而不仅仅是成才!人是教育的出发点,教育应该彻底解放人性,应该促进人的发展,使人日益完善,使人热爱生活、热爱生命、热爱劳动,使人诗意地栖居、有尊严地活着……教育不仅是国人习以为常的成才教育,而且是立人教育——让人成为有健全人格和健康体格的人的教育!

理查德·韦斯伯德在《守护孩子的幸福感》一书中,通过深入的研究告诉人们:"我们完全有能力将孩子培养成情感丰富并负责任的人,培养成正直守诺的人……我们要让孩子成为能够敏感于他人痛苦的人,成为能够意识到自己对不同阶层、种族或背景的人均负有责任的人,成为愿意以某种方式对世界作出贡献的人——因为孩子肩负着将先辈最高尚的道德原则传承下去的使命,肩负着保护子孙后代福祉的使命。"理查德·韦斯伯德的话对我国现行的教育有很多启发：人格成长贯穿于人的一生，为了培养人格健全的孩子，教育的价值应该在于守护孩子的幸福感，教育应为提升人的生命价值提供最优质的服务，让孩子成人比成才更重要。

教育的价值在于教人成人，那么，教育评论的价值应该在于引导教育成为教人成人的教育；教育评论学研究的价值应该在于指导教育评论成为引导教育成为教人成人的教育评论。为此，我将近年来的教育评论著述整理成这本《教育评论研究论纲》，尽管其中仍存在许多需要完善之处，但"始生之物，其形必丑"，而"其作始也简，其将毕也巨"。相信在教育界同仁的共同努力下，教育评论研究必将日臻完善，并对引导教育成为教人成人的教育发挥有效的作用。

在本书出版之际，让我以教育评论研究者最虔诚的心情，向一直支持教育评论研究的专家、学者、学术刊物及编辑表示衷心的感谢！对浙江省高校人文社科"高等教育学"重点研究基地、浙江省新世纪"151"人才工程基金和浙江省高校中青年学科带头人基金的资助表示衷心的感谢！对浙江师范大学教育评论研究所和江苏大学出版社的同仁表示衷心的感谢！同时，还要感谢本书所有参考文献的作者以及正在从事教育评论事业的人们！

刘　尧

于浙江师范大学教育评论研究所

2012 年 6 月